国は人により興り、人により滅ぶ

——私説・太平洋戦争の真相

郡　志朗

【本書は太平洋戦争の史実を基に執筆いたしましたが、サブタイトルが示すように、私の歴史観、人物観が色濃く反映されています。従いまして事実と異なる点があろうかと思います。予めお断り申し上げます。――著者】

第一部　悲劇の幕開け　5
第二部　命運をかけた戦い　45
第三部　愚劣、無謀な作戦　79
第四部　原爆投下、そして終戦　127

第一部

悲劇の幕開け

太平洋戦争は日本国に亡国の危機と日本軍の消滅が起こり、さらに軍人・民間人合わせて死者450万人の人災、その問題と背景、そして歴史のうねりに歯車を押しつぶされた悲劇の主人公たちの苦悩と失敗に学ぶ。

●戦争の原点・石原莞爾

日本は明治維新以来、暴発する人口増加を日露戦争の勝利で得た中国遼東半島の租借権と、東清《とうしん》鉄道の既得権を生かし満州の開拓と海外移民へ活路を求めた。

海外移民は、アメリカ・ペルー・ブラジルに移民先を求め、自転車操業的人口増加の帳尻合わせを行なっていたが、日本人の勤勉性が仇で関係国との摩擦、軋轢が起こり、順調に進まなかった。

関東軍、石原莞爾は万里長城から以東を中国から切り離し、対ロシア戦日本軍永久基地構築と人口増加の受け皿を作り、その石原満州国構想を発表、日本国民に拍手をもって迎え入れられた。

中国には、迷惑な話で、中国国民の愛国者によって義和団事件が起こる。関係国は、自国民保護の名目で軍隊を派遣し義和団事件は終息したので、各国が逐次撤兵する中でロシアだけが満州に居座った。

石原理論は、具体的に日本が執る必要不可欠の生死を期す問題として俎上に上がった。日露関係は険悪となり、中国・アメリカ・日本・英国の執拗な抗議にロシアのニコライ2世はしぶしぶ兵をシベリアに引いた。

だが、世界最大の陸軍国ロシアが満州の国境シベリアに100万が布陣し機会を狙っている。先ず、日本の関東軍高級参謀河本大作大佐が仕掛けた。

奉天郊外の張作霖乗車列車の爆殺である。河本の作戦は、根回しが不十分で齟齬をきたし、関東軍は満州を占領することが出来なかった。

河本の狙いは、満州国軍閥張作霖の子、張学良による日本軍の傀儡軍閥化が目的だったが、張学良にとって日本は親の仇《かたき》、日本に恨みを抱くのは当然のことで、中華民国の蒋介石と同盟関係を強化し、満州は中国古来の領土であることを張学良は宣言した。

ここに及んで、関東軍高級参謀板垣征四郎大佐と石原莞爾中佐は中国との戦端開始を決断した。

「石原君、このままでは蒋介石の思う壺だ」の板垣の言葉に対し、「閣下、座して死を待つより、死して正義をとる、河本先生の策が一番です」と石原が返した。

渋る板垣、強気の石原、板垣は石原に負けると下駄を石原に預けた。

1931年9月18日、板垣、石原は満州郊外の柳条湖で満州鉄道を爆破し、中国軍閥の仕業と発表すると一気に満州を占領した。

日本は、太平洋戦争への破綻の終末に大きく舵を切り破滅に向かった。

●満州建国　齋藤實

日本国陸軍の関東軍は、柳条湖事件で満州を制圧すると、時の総理若槻礼次郎に報告し昭和天皇に上奏した。

昭和天皇は怒り、若槻も関東軍の専横に怒り出来る限りの抵抗に出た。

日本国民の圧倒的支持の石原莞爾中佐の満州日本国基地論は宙に浮いた。

関東軍の上げた拳を下ろせば、シベリアのロシア軍100万人が出番を窺っている。関東軍は焦るが、天皇の裁可と時の首相が首を縦に振らなければ不忠の臣、逆賊になる。このままでは、第二の河本大作になる。関東軍は必死に打開策を探した。

探せばあるものである。清国皇帝末裔愛新覚羅溥儀が、一市民として北京にいた。

溥儀にも、清国再生の夢がある。関東軍には名が、溥儀には清国再興の実を獲るため軍部はあらゆる手段を取ると、手始めに若槻を閣内不一致で倒閣し、次の内閣犬養毅は暗殺された。

そこで登場したのは、齋藤實でここに石原の夢は成就した。

日本の傀儡国家満州国が誕生したのは1932年3月1日のことである。満州国は、五族共和（日本・朝鮮・漢・満州・蒙古）、すなわち民族の平和の楽土で、日本と不可分的関係の独立国家と世界に向けて宣言した。

宣言通り、日本民族の勤勉性は、数年にして不毛の地から豊穣な楽土に満州は生まれ変わった。

耕作料は10倍に上がり、満州鉄道は時速130キロで走り、満州の生活圏を10倍に拡大させた。

だが、満州国というものは、その地に住むものの権利を勝手に奪い、中国の国権を侵害するもので侵してはならない内政干渉そのものである。中華民国蒋介石も中国軍閥も、この日本の一方的な満州国建国の横暴にゲリラ戦で対抗し、各地で衝突が起こると、日本は果てしない日支事変という泥沼に堕ちた。

日支事変は、太平洋戦争への坂道の頂上に関東軍が雪だるまを運び上げたことにある。日支事変18年間、満州国存続の13年間、日支事変は一部の心なき日本軍によって中国民に一方的に多大な危害、災難を与え続け、中国民は、なすがままに凌辱され、抵抗出来るのは、頬から伝わり落ちる涙だけであった。

日本軍の犯罪は許されるべきものではなく、婦女子の暴行、財産の略奪、中国国土における戦争行為による厄災は、恐るべき数字を示しているが、その実態は不明である。天は非を見ている。日本軍は、終戦末期のどさくさに中国民の復讐ではなく、日ソ不可侵条約締結国の友好国のはずであるソ連が中国民に代わり、日本軍と満州国在住の日本人に暴行凌辱を行なった。

ソ連軍の犯罪は、日本軍を上回り、手を挙げた関東軍や日本居留民を一方的に殺害、婦女暴行を行ない、捕虜となった関東軍や軍属ら60万を一方的にシベリアに連行、塩スープと乾パンで酷寒のシベリアへ強制労働を強要し、結果、7万柱の日本人が凍土の下に眠っている。

●調査団　リットン卿

太平洋戦争の日本の敗因と悲劇は、政治家不在と日本軍の暴走だと言われている。太平洋戦争の最大の原因が日本の傀儡国家満州国建国であり、石原莞爾の一方的な思い込みと齋藤實の妥協が、日清戦争の賠償権益を三国干渉で失った日本の損失と、日露戦争の損失を日本は満州国という傀儡国家で一気に取り戻そうとした。

日露戦争は日本の存亡をかけ、世界最強の陸軍国ロシアに勝利した。

その勝利の代償が極寒の地、樺太の島半分の領有と満州鉄道の譲渡だけでは、日本国民数十万人の戦没と借入金国家財政30年分の3000億円損失に見合うはずがない。日比谷公会堂焼き打ちや、日本全権小村寿太郎邸に暴徒が押し寄せ、投石などを受けたが庶民は知らない。知っていることは、日本という国の行為が、日露戦争で多大な犠牲と、その後に起きた貧困と近親者の死であった。

日露戦争の実体は、いじめ虐げられた日本人がロシア人に逃げ道を塞がれ、逆切れで小男40キロの日本人が、大男２００キロのロシア人に死を覚悟し、目を瞑《つむ》り鬼の一念、「ワー」と奇声をあげ、大男の足に短刀を刺しただけである。刺されたロシア人は「痛い、痛いよー」と余力を残し、のた打ち回っているだけである。日本政府と日本軍は、冷静に分析し、薄氷を踏むような思いで獲得した日露戦争勝利に、ただロシアの復讐を恐れた。

だが、日本政府と日本軍との間に温度差があり、特に現地、満州に駐屯する関東軍は危機感を募らせ、日本の生命線を朝鮮半島鴨緑江《おうりょくこう》と定め、満州を主戦場に決めた。

日露戦争の代償は、主権国家中国が数千年かけてなお改善出来なかった、北方の僻地、満州を日本人の勤勉さが広大な荒地貧農地帯を、世界有数の豊穣の地に改良するのに5年を要さなかった。

関東軍高級参謀板垣征四郎大佐は、中国軍閥抗争と見せかけ、１９３１年9月18日、中国奉天郊外の柳条湖付近で南満州鉄道を爆破した。

日本軍は、満州の自国民の保護と日露戦争の権益で得た満州鉄道保持を理由に、大量の日本軍派兵と満州国傀儡国家を建設した。

中国にとって、満州国建設は国権侵害の重大な侵犯行為であるが、中国にロシアを打ち破った上昇国、日本を相手に戦争など出来る訳がない。当然国際連盟に提訴した。

訴えられた日本は、一方的な思い込みも手伝って、中国に恩はあれど、恨みを受ける理由が分からなかった。

国際連盟、日支紛争調査委員会英国人ヴィクター・ブルワー＝リットン卿率いる調査団が、満州国侵犯調査報告を行なったのは１９３２年９月である。

●国際連盟脱退　松岡洋右

スイス・ジュネーブ国際連盟会議、特別総会対日勧告案は採択に臨む。各国委員の脳裏に中国本土の覇権を広げる日本帝国への不信感と猜疑心で満ち溢れ、対日勧告案は賛成42票、反対1票（日本）、無効投票2票（タイ・チリ）で採択された。

湧き上がる拍手と歓声の中、日本帝国代表松岡洋右は立ち上がると前に進み出て、委員たちを睨み、両手を水平に広げ下に振り、拍手を止めると、国際連盟脱退宣言文を一気に読み上げ、最後に日本語で「さようなら」のひと言を残し、会場を後にした。

日本帝国は、その時、後戻り出来ない第二次大戦・太平洋戦争に足を踏み入れてしまった。

日本帝国国民は、松岡をジュネーブの英雄として凱旋将軍のように大歓声をもって仰《あお》いだ。人の評価は難しい。生前と死後、天地が逆さまになるほど評価が変わった松岡は、死に臨み「悔いもなく　怨みなくて　行く黄泉《よみじ》」の辞世を残した。

ジュネーブの英雄、松岡に近衛文麿は三顧の礼をもって外務大臣就任を要請した。

松岡は「外のことは松岡に一任」と外交の全権を近衛に約束させ、最初の仕事が主要外務官僚40数名の更迭と有力外交官に辞表の提出を強要した。

松岡の狙いは、ソ連の中立化と日独伊三国同盟の締結、独→伊→ソ→日のユーラシア集団構想である。独に飛び、アドルフ・ヒトラー、伊に渡ると、ベニトム・ムッソリーニとの首脳会談で三国同盟を締結した。

返す刀で、ソ連でヨシフ・スターリンを言葉で酔わせ、スターリンは感激のあまり、松岡と肩を並べ、駅まで見送りに出て駅頭で松岡を抱き、別れを惜しんだ。

松岡の外遊中、米国のコーデル・ハルは、日米諒解案を提示し、三国同盟破棄、満州国撤退により、南方資源の石油を提供するという、日本帝国に願ってもない好条件を提示した。

日本は、名を捨てれば実は獲れる。近衛に願ってもあり得ない好機が到来した。

この案を拒否すれば、油は武力奪取しかない。近衛は、松岡外交一任で身動きが取れない。緊急電で松岡に泣きついた。

松岡は、帰国すると近衛に向かい、「外交とは、国と国の誠実な約束です。自国だけの利益で通用する訳がありません！」と興奮気味に言った。

近衛には松岡との約束事があり処置に困った。

近衛は内閣総辞職に打って出た。近衛は第三次内閣を組閣すると松岡を外した。

その時すでに遅く、独・ヒトラーは、スターリンのソ連スターリングラードに侵攻し、世界は一気に第二次世界大戦へ突入した。

日米開戦の報を聞き、松岡は「私の一生の不覚、同胞8000万を死の淵に追いやった」と涙を浮かべ悔恨の詫びの言葉を口にした。

●戦陣訓・東条英機

太平洋戦争戦没者450万人、その死の命令書は東条英機によって作られた。

東条英機が示達した戦陣訓「生きて虜囚（捕虜）の辱めを受けず」は、日本軍に精神的・合法的に兵隊に死の特攻を与える口実と法的根拠を裏付けた。

中国戦線で関東軍参謀長の職にある東条英機は、中国軍の統率の悪さ、悪質さに日本軍が同質化するのを恐れ危惧し、陸軍大臣就任時、来《きた》るべき世界大戦に勝つことも大事だが、勝ち方を心配した。

東条英機らしい生真面目さからの発想で、辿り着いたのが焼かず・盗まず・犯さずを徹底するにはどうするか、そうだ訓話だ、戦陣訓だと。

1月8日、東京代々木練兵場の観閲式で陸軍大臣東条英機は「全軍に問う。兵の規律は弛むことなく、日本帝国の軍人は戦地において、他国人に顰蹙《ひんしゅく》、後ろ指の指されることなき行動を行なうこと。一つ、他国人の財産に手を染めた者断罪に処す。二つ、他国人の不動産に放火・破壊行為は断罪に処す。三つ、他国人の婦女子を犯す者断罪に処す。四つ、生きて虜囚の辱めを受けず」として戦陣訓を布達した。

この戦陣訓は、何千・何万の兵を動かす指揮官の迷いを断った。

戦争とは、一方的に勝ち続けることなどあり得ない。指揮官にとって負けた時が難しい。投降し、捕虜となり、捕虜から日本軍の動きが漏れる。また、仮に敵が、日本兵を盾にした時、日本兵は、味方の日本兵を躊躇《ちゅうちょ》せず、殺すことが出来るのか。捕虜は、敵軍の労役で日本軍の妨害工作に使われることは疑いのない事実だ。

戦争とは結果責任である。

負けは指揮官の死である。

指揮官とは死後の評価が大事だ。

自分は死ぬのだ。残った兵が負けの恥の上塗りをする。指揮官の腹が決まった。

太平洋戦争において、指揮官たちは徹底的に戦陣訓を利用した。

アッツ島、山崎保代大佐、軍属含む戦死２６３８人。

サイパン島、南雲忠一中将、民間人含む戦死４万人。

硫黄島、栗林忠道中将　戦死２万２０００人。

沖縄、牛島満中将、民間人含む戦死・行方不明者20万９０００人。

東条英機の本意は、別にあったが利用するのは他人である。東条英機とは開戦へ舵を切った内閣だけでなく、日本人大量虐殺を導いた男として、東京裁判の死刑判決は逃げることの出来ない償いである。

●仏印進駐　ジョルジュ・カトルー

ドイツ第三帝国、アドルフ・ヒトラーがヨーロッパを席巻し、ソ連に侵攻したのは6月22日である。日本帝国は好機と見なし、6月19日、仏インドシナ（ベトナム）政府総督ジョルジュ・カトルー将軍に4時間以内の、仏印ルート（英米の中国蒋介石軍への需要物資支援ルート）の閉鎖を通告した。

すでに、フランスは3月9日にドイツ第三帝国に降伏していて、カトルーは、誰に相談してよいか分からず、通告を受けた日駐大使アルーセヌ・アンリの助言を受け、仏印ルート閉鎖及び監視団の軍事顧問団受け入れに応じた。

日本軍の動きは速く、カトルーが仏印調停にサインした時には、南方第15軍飯田祥二郎中将以下1万人がインドシナに入城した。

カトルーは、その軍勢の多さに驚くが調停文では、植民地経営はフランス側、日本帝国軍の駐留費を応分負担で、見返りが仏印軍植民地軍を保護、と書かれている。カトルーにとって日本軍の仏印進駐は日本帝国軍と戦争を避け、仏のベトナム植民地利権確保が約束される。当然の成り行きである。

6月22日、本国フランスにドイツ第三帝国傀儡ヴィシー政権が発足する。遠隔地にある。仏インドシナは、日本軍との衝突を避け、カトルーの独断専行の調停締結だけが取りざたされ、日本軍進駐はそのままになった。

屈せずして、米・英・蘭、最大の仏印援蒋ルートは閉鎖された。

日本軍に政策は力による解決しかないことを仏印進駐が教え、参謀本部は第二次大戦参加の決意を強くした。

だが、日本の仏印進駐に、連合国米国も日本という国には力の対決しか解決方法がないことを強くし、太平洋戦争への導火線に日米双方が火を点けた。

米国大統領フランクリン・ルーズベルトは、仏印進駐制裁に米国務長官コーデル・ハルを任命すると、ハルは日本帝国にハルノートを突きつけた。

ハルノートとは、日本帝国のインドシナ半島からの早期撤退、日・独・伊三国同盟破棄、満州国の中国への返還と過激で、日本帝国にはまるでアメリカの保護国に落ちたかのような内容であり、一方的な通告はアメリカの戦争への挑戦状そのものだった。

それでもハルノートの制裁は小出しで、鉄くず対日禁輸の宣言である。

●日米交渉　コーデル・ハル

国際連盟を脱退し、満州国に傀儡国家をつくり、世界からバッシングを受けている日本帝国はインドシナ（ベトナム）に進駐し、日本は仏印植民地軍を恫喝している。米国は、資本主義国のリーダーとして、日・独・伊三国同盟の破棄、インドシナ問題平和的解決と即時日本軍撤退を日本帝国に突き付けた。

ハルノートである。交渉の責任者は、米国国務長官コーデル・ハルで、ハルの切り札は日本への石油輸出禁止で、日本の生命線は閉ざされ亡国の窮地に立たされた。

だが、対支那戦争にインドシナの仏印援蒋ルート遮断は、日本軍にとって日支戦争終結のための最終切り札、世界の非難を覚悟で実施した日本帝国の悲願成就である。日本に、ハルの要求の受諾は出来ない。日本もアメリカも本気で戦端を開くとは1パーセントも予想になく、互いに腹の探り合い、どの辺で妥協するか、双方とも批判と批難合戦は果てしなく続く。

その日で日米交渉は32回目である。潮目が変わったのは、ドイツ第三帝国アドルフ・ヒトラーが、世界征服の野望にソ連スターリングラードに侵攻したことから起こった。

ヒトラーのソ連征覇は、あの偉大な、ナポレオンをもってしても実現できなかった野望であり、ヒトラーの大いなる過誤である。ヒトラーのスターリングラード侵攻、日米当局双方にあまりにも異なる世界観が起こり、アメリカのハルは日本帝国潰しの好機と捉えた。

ハルの頭脳（スーパーコンピュータ）は、凄い勢いで計算し、駐日大使野村吉三郎と特別大使来栖三郎の両名は、その攻略になすすべがなく、日本帝国本国から叱られ、ハルからは鼻先であしらわれ、日本は、ハルに導かれるように日米開戦を始め、自滅に向かっていった。

ハルとアメリカの高官たちの分析では、ドイツ第三帝国は負けの段階に入り、日本はソ連の災いがなくなり、南方資源奪取はそう遅くない時期に動く。ヨーロッパ戦線対ソ戦がドイツ帝国を東のソ連と西の連合軍の鋏討ち状態が出来る。ドイツは、ふた冬を越せないだろう。この時期を逃せば、日本は、資本主義陣営を脅かす世界の鬼っ子として資本主義を蝕む。ハルは、フランクリン・ルーズベルト大統領に決断を迫った。

「戦争を人民は望まない。私の国は、人民による共和国だ。私は、人民の望まないことは出来ない」とルーズベルトは、悔しそうに苦衷をハルに打ち明けた。

「プレジデント、悩むことも決断もいりません、ジャップが私の頬を打つだけのことです」

ハルは、心に秘めている策をルーズベルトに打ち明けた。

駐日大使野村と特別全権大使来栖は、ハルに呼び出されハルノートが手交された。その内容は、一、日独伊三国同盟の破棄。二、満州国の中国への返還。三、中国大陸から即時撤退である。ハルも人の子である。日米交渉の問題、インドシナ駐留軍撤退はなぜか除かれている。

「返事はいらない、諒解案行動をもって処理してくれればいい」

この一方的なものの言いようは、二人を大使として扱わず、日本帝国政府の使い走りそのものだった。

●奇襲艦隊・南雲忠一

山本五十六連合艦隊司令長官は、昭和天皇に米国との戦いの勝敗を問われ「開戦から、2

年暴れに暴れて見せますが、それ以上は自信を持てません」と答え、天皇が9月の御前会議で11月まで和平に努力し、それ以上進展せざるべきは、米国との開戦に踏み切るとの聖断を下した。

山本は、心に不満があったが、御前会議の決定を背くは逆賊の臣、日米開戦を決意するとハワイの太平洋艦隊を撃滅し、蘭印の鉱物奪取の背後の憂いを断つ、そして山本はハワイ奇襲の先頭に立つ。

この構想に齟齬をきたしたのは、軍令部と連合艦隊の人事である。軍令部が開戦に向けて発令した人事によると、連合艦隊司令長官に山本五十六、ハワイ攻略軍司令官に南雲忠一中将である。山本は「ハワイ攻略軍司令官が南雲中将に決まりました」の報に、一瞬戸惑いを現わしたが「永野閣下は南雲にしたか」と低く呟やくだけだった。

ハワイ奇襲は図演研究において、ハワイ奇襲すべてが失敗と出る。何度やっても失敗である。山本の執念は、ハワイ奇襲図演に失敗が出ると、その都度条件を下げてやり直すが、日本から、波濤5472キロのハワイまで漁船1隻に見つからず到達するのは、無理なのである。それにもう一つ、5472キロ間補給なしでハワイの奇襲はできない。軍令部は当然難色を示し反対した。

まだある。奇襲港パールハーバーは、水深12メートルの浅底で航空魚雷が使えない。これは、ハワイ奇襲の充分な効果を得るには、日本海軍装備の3倍を見込まなければ無理だった。

反対は軍令部だけではない、山本の部下、南雲は反対の急尖峰であった。

山本は、ハワイ奇襲を裁可しない軍令部に伝家の宝刀を抜いた。「ハワイ奇襲を認めなければ、山本は辞する以外ない」。これには軍令部総長永野修身は頭を抱えた。

開戦準備裁可の段階で山本が辞めるでは、蜂の巣を突いた大騒ぎになり、陛下、陸軍にどのような申し開きも出来ない、海軍開闢《かいびゃく》以来のピンチに軍令部は鳩首会談で、ハワイ奇襲反対派急尖峰の南雲をハワイ攻略軍司令官への登用を決めた。

南雲は海軍きっての良識派である。火事場に身体に水をかけて猛火の中に飛び込む無鉄砲なことを起こさないだろう。５４２７キロのどこかの時点で日本軍はピンチに落ち入る。南雲の良識が奇襲を諦めて引き返すだろう。これなら（山本の顔を立て）軍令部の長年研究してきた日米開戦戦略に戻すことが出来る。

これに対し山本は「司令官など誰でもいい。司令官は顔で、実際の戦争は参謀長以下の実務部隊だ」。顔は軍令部辞令、それ以外は、連合艦隊人事と軽く見た山本の失敗は、その博打性で「やってみせ、言って聞かせて、させてみせ、ほめてやらねば、人は動かじ」の、その自論を、一か八かの勝負に南雲を信用していないのにも関わらず、南雲にハワイ攻略の目的〈徹底的にやれ〉の駄目押しをしなかった。

ハワイ攻略部隊幕僚を集めると「飛行機を上げても、交渉がまとまれば引き返せ」と山本は柔和な顔で、ハワイ奇襲艦隊攻略作戦に釘を刺した。

「出した小便は、止めることは出来ないぜ」

南雲が軽口を叩くと「何か、不満か」と山本が、居並ぶ幕僚が驚くほどの大声を上げ、「不満なら辞めろ」。手に持った指揮棒は、天井から吊るしてある太平洋作戦図を叩き破り、指揮棒を投げ捨て部屋を後にした。

山本は不満なのである。なぜ南雲が攻略指揮官なのか、自分の考えに真正面から異を唱える者が指揮官とは……。

南雲は驚いた。作戦命令から奇襲まで心休まることがなく、択捉《えとろふ》を出て、ハワイの飛行機を上げるまで、艦橋に立たなかった日はないと言われている。南雲はハワイ奇襲に成功すると突発的損失を恐れ、米国太平洋艦隊ウィリアムハルゼージュニア中将の接近を知りながら、距離を取り日本に帰還を急いだ。

山本は中途半端なのである。ハワイ攻略部隊にパールハーバーを軍港として機能しないほどの破壊を期待し、その半面、南雲に「徹底的に壊せ」と言わず、「お前では駄目だ」と暗に思わせる。

態度が南雲の指揮を萎縮させ、ハワイ奇襲の成功に、山本は「南雲は、どこに」と幕僚に尋ねた。「帝国に凱旋中です」の返答に、「くそ！　泥棒は逃げ足が速い」

無念を込めて悪口が出た。

●月月火水木金金　村田重治

11月に、千島列島択捉ヒトカップ湾集結のハワイ奇襲艦隊が戦端日、12月8日にハワイオアフ島に着くのには、出来る限り、不要な弾薬運搬船や資材補給船を少なくする必要がある。この問いに、先任参謀黒島亀人大佐は、航空攻撃が鍵を握るとの結論に到達、この難問に挑んだのが、航空参謀源田実中佐、源田は真珠湾の成否を握る航空機による魚雷攻撃の研究を上官大西瀧治郎少将から命じられた。

しかし、専門家だから解る。パールハーバーの水深12メートルは、空からの雷撃は出来ないことを意味する。だが、陸爆は使うことが出来ない。艦爆や艦攻爆では非能率で11月集結出港し、12月初旬の奇襲に間に合うかどうか、また艦隊武装も1・5倍に膨らむ。源田は雷撃屋の村田重治少佐に話を聞くことにした。

源田は、機密を保持するため、自室の狭い部屋でベッドに林檎の空き箱（木製）を机にして作戦書を練っている。村田は、源田に呼ばれ、その狭い暑苦しい部屋に入りベッドの前の空間で源田と立ち話になった。

「村田、水深12メートルの港湾内の艦船を雷撃は出来るか」と源田は単刀直入に切り出した。村田は躊躇することなく「私は出来ます。だが、他（出来るのは）には100人に1人ぐらいかな」との返事と見通しを語った。

源田は喜んだ。パールハーバー奇襲に大きく動いた。「なに、出来るのか」と顔が紅潮し、手が村田の手を握っている。

「村田、１００人のうち80人に頼むぞ」。村田も男である。「2週間、下さい」と伝えた。源田が山本の本意で動いていることを薄々感じていた。

村田は、鹿児島の鹿屋に戻ると大西瀧治郎少将が選んだ精鋭３００人を相手に猛訓練に入った。鹿屋から鹿児島市に入り、錦江湾に出て桜島に向かう。桜島の手前30メートルで急上昇する。錦江湾から桜島に向かって70メートル前方に黄色の竹筏があり、その先30メートルに赤の筏が浮かべられた。

航空兵３００人は、駆逐艦夕霧の甲板上に乗せられ整列していた。

薄明りの錦江湾に爆音が響き一機の雷撃機が桜島の後ろから、錦江湾に入り込むと海面を滑るように桜島に向かった。

誰もが固唾を呑んだ。

桜島にぶち当たる！　30メートル手前で雷撃機は模擬雷爆を投弾模擬魚雷に合わせ、海面が切り裂かれていく。すると雷撃機は急上昇した。桜島の5メートル手前である。ハワイ奇襲の英雄村田重治少佐は南太平洋海戦で被弾し、敵空母ホーネットに雷撃をすると、魚雷の道案内をするかのようにホーネット目掛けて体当たりした。享年33。

●一日延ばし　近衛文麿

日米交渉に行き詰まり、出口の見えない交渉に苛立ったのが陸軍大臣東条英機である。その生真面目な性格は、一日先延ばしの近衛文麿を許すことが出来なかった。「こんな奴では日本の舵取りは出来ん。明日、明後日に、油がなくなり、飛行機も飛べなくなるというのに困った奴だ」と誰彼となく不平不満をぶちまけ、参謀本部の日米戦研究報告を見ては悩み、不眠に落ちた。

東条の剃刀と言われた頭脳が、一日遅れれは、千日の失敗を恐れ、腹を固めると書記官を呼び、近衛への上申書を書かせた。

その内容は「日本帝国陸軍は現状を鑑み、来《きた》る10月15日まで、日米交渉に成果を見なければ開戦準備に入る」である。東条としては、日にちを区切ることで近衛の重い腰が上がることを期待しただけである。決して日米開戦を強要したのではなく、東条も日米戦争に無条件で勝てるとは考えていなかった。

東条の性格が何の行動も取らず、まんじりと待っての、じり貧になることを嫌った。まず海軍大臣及川古志郎に話を持ち込むと、及川は「書面はまずいだろう、互いに逃げ道がない」と共同提案を暗に拒否した。

東条も近衛への方針を決定させるのが目的である。書面通告をあっさり止め、及川と2人荻外荘《てきがいそう》の近衛邸に向かった。

東条は喧嘩腰で近衛の弁明を一切聞かず、及川は、近衛に同情的であるが、現状を考えると東条の口を押さえることができなかった。東条は出口のない不毛のやりとりに癇癪を起し、「閣下、陸海とも10月15日が最終段階です、すべての責任は、近衛閣下になります。当然、私は辞職いたします」と最後のカードを切った。

東条は、現状に方向を示し、取るべき道を決めて欲しい。東条の辞職は、組閣において陸海軍の同意を得なければならない。近衛内閣は、東条の辞職によって崩壊が決まった。

これを境に、東条は枕を高くし、反対に近衛は不眠に陥った。

そして、通告回答日の前日に、近衛は鎌倉の別邸に引きこもると政務から離れた。

10月14日、東条は、辞表を懐に及川とその鎌倉に回答を得るため足を運んだ。

憔悴した顔の近衛は、玄関口に現れ「明日、一日考えさせてくれ」と、2人を邸に上げることなく一日返事を延ばした。

●開戦内閣　木戸幸一

東条と及川に10月15日になっても近衛の回答はなかった。

あったのは近衛内閣総辞職の通告である。東条は仕事半ばでの陸軍大臣解任は心残りではあったが、厚い曇にぽっかり大きな穴が開いて陽光が差し込んできたような安堵を覚えた。

東条は大臣室で辞表を書き終わると、ソファーに座り、後任を誰にするか数名に思いを巡ぐらしたが、帯に短し襷に長し、誰も東条の眼鏡に叶う者がなく、日米決戦を仕切れる強者は東条にこれと言って適任者を決めることが出来なかった。

「仕方ない、次期総理に要請された者にするか。俺は、参謀総長で難局を乗り切るかしかないな」と落とし所を考えていると、「大臣、お天子さまから、参内されるよう使者がきております」と副官が何ら感情を伝えず用件だけを告げた。

カミソリ東条に悪寒が走った（しまった。それに考えがなかった）。近衛内閣を倒閣させた東条を昭和天皇は怒っている。昭和天皇の信任の近衛である。近衛の3度の辞職を3度に亘り慰留し、組閣の大命を出したのは天皇である。近衛は、昭和天皇の虎の子の虎の子、3次内閣は、内閣制度発祥以来初のことであった。

3度に亘って、外交と軍の独断専行から辞職したが、今回は身内の争いのいざこざ、東条は青くなり目を閉じ逡巡した。

逃げようがない。昭和天皇に罵倒され、どのように言われようとも耐え忍ぶ。詫びて腹を切るのは天皇への面当てである。我慢だ、耐えるのだ。腹が決まった。

服装を整え、厳粛な面持ちで皇居に向かった。

天皇は、木戸幸一内府と侍従官数人を従え待っている、東条の心の弱さが不覚にも伏し目で天皇の顔色を盗み見た。

天皇はお怒りになられていない。東条は心に思い詰めていた蓋が空いたように重苦しい気持ちが晴れ、周囲を見渡す余裕が起こり、天皇を直視し木戸内府を見た。

木戸の顔にほほ笑みがある。自分への格別の沙汰があるに違いない、東条は狐に摘まれたような心持で、思わず頬をつねりたくなるほどうれしくなった。

明らかに親任式である。昭和天皇は、赤の絨毯の奥にある机の後ろに立っている。

「東条英機大命である」

木戸幸一内府が大きな声を出した。

東条に晴天の霹靂《へきれき》が起こった。

喜んだのは、軍部と国民である。軍部は米国との戦争に踏み出したことを喜び、国民はマスコミが報じる対米、対欧の日本虐めに一矢報える好機を〈神国日本、建国以来不敗神話を信じて来るべき時が来た〉と喜んだ。

来るべき亡国の大災難など誰も考えず、当の東条も考えていなかった。

●宣戦布告　野村吉三郎

海軍軍令部は、外務大臣に宣戦布告の調書手交をハワイ奇襲30分前の条件を課した。

ワシントンの日本大使野村吉三郎、特命全権大使来栖三郎の両大使は、アメリカへの電文・宣戦布告文を見て、野村が「いよいよ、やるのか」と感慨深く話すと、来栖も「アメリカとやるにしても、目的が南方石油資源確保だから、フィリピン方面かな」と口にし、野村への返事ではなく、これから2人が敵地アメリカへの外務処理に漠然とした感想を口にした。

２人とも徹夜態勢を取り、大使館のソファーでひと晩でもふた晩でも、宣戦布告という大舞台に立つ覚悟は決っている。そこに暗号翻訳係官が「半分終了しました、今日は、下がって休ませていただきます」と諒解を求めに来た。

来栖は「ご苦労、ここ2、３日が勝負だ。苦労かけるね」と語りかけると、係官はそれに「これが仕事ですから」と漏らした。野村が「明日は何時かね」と聞くと「出来れば午後１番で」と返す。野村は「いや、朝から出てくれ、他に代われる人がいないのだから」と問うと、「分かりました。それでは、先に上がります」。来栖、野村の双方が「ご苦労さん」と労《ねぎら》って翻訳係官を送り出す。

だが、宣戦布告調書は半分しか解読していない。朝４時、（ワシントン時間）日本外務省は宣戦布告調書手交時間午後１時を打電、米国は日本暗号を受信すると解読器で、朝４時37分、解読に成功、直ちに、フランクリン・ルーズベルト大統領、マーシャル総参謀長など合衆国高官は、日本軍攻撃時間12月７日午後１時30分、戦端開始。宣戦布告手交午後１時であることを知った。

アメリカは、この重要機密に基づき日本軍邀撃態勢を全米軍に発した。

ところが、駐米日本大使館、肝心の暗号翻訳係官が午前９時に出館し作業にかかった。

来栖も野村も暗号など何も分からない、午前４時受電の意味も重要性も当然知らない。係官に「急げ！」などと督促もせず、ここ数日の緊張に「頼みます」の激励の言葉を出すだけだったが係官は、朝4時の電文は短いし、内容も簡単で20分もせず翻訳できた。

内容を知って、係官は驚き焦った。焦るから間違う。係官は後悔した。昨日6日に、やることをやらずなぜ帰ってしまったのか、それでも、暗号翻訳係官は翻訳を午前11時20分には終わり、係官にはあと40分ある。大きく息を吸い、大きく吐いて大使室に入り復命した。「出来上がりました。宜しくお願いします」

心が卑しければ肝心なことは何も言わない。両大使は翻訳文を見て驚き、急ぎ、コーデル・ハル国務長官にアポを取る、だが、布告調書の浄書に手間取り、ハルに手渡したのは午後3時30分、ハワイ奇襲時の2時間後である。ハルは、両大使を自席の椅子の前に立たせ、睨み付け、コーヒーどころか椅子さえ出さず、「ジャップ、卑怯者！」と罵声を浴びせ、怒鳴るだけ怒鳴り2人に椅子を回転させ、背を向けた。

来栖、野村は、日本軍攻撃がハワイ島パールハーバーであることは知らず、だが、日本軍が米国とどこかで交戦に入っている。自分たちの手交時間が遅れたことを悔いて、状況に驚き、身を小さくして、ハルの次の言葉を待つが、10分経過、30分経過するも、ハルはひと言も返さない、両大使は、ただ茫然として立ち尽くすだけだった。

見かねたハルの副官は「お帰りになられたら」と助け舟を出した。

●油断　キンメル

ハワイ・オハフ島に米国太平洋艦隊司令部があり、司令長官ハズバンド・E・キンメル大将の94隻の大艦隊が真珠湾に集結し、空の守りと上陸する敵には、陸軍第2師団ウォルター・C・ショート中将麾下6万人が配備されていた。

キンメル、ショート双方は、米国と日本が戦端を開くことはすでに参謀本部緊急電で理解していたが、日本艦隊が真珠湾に３４００マイル（約５４７２キロ）の冬の海を越えてくることはあり得ない。ここ真珠湾は戦争から隔離された、兵隊たちの保養施設地であるとの思い込みがあり、万が一あっても、敵、日本潜水艦の攪乱妨害行為程度と考え、日本の大艦隊の攻撃で米軍軍艦の大破もしくは撃沈など起こるとは夢想だにしていなかった。

12月6日、ハワイ司令部はマーシャル参謀総長から、1週間内に軍事衝突になる警戒電を受け、12月7日午前3時42分、真珠湾内に国籍不明の不審な潜水艇を掃海艇コンドルが発見し、同6時45分、駆逐艦ウォードが爆雷攻撃で撃沈した。

ウォードの艦長、直ちにキンメル司令官当直副官A・マーフィ中佐に報告、だが、A・マーフィ中佐にキンメルへの連絡電話報告がうまくいかず、早朝のことでもあり、事後報告することにし、もう一度ベッドに入った。

午前7時6分、オパマレーダー監視所は、レーダーに飛行機群大編隊を確認、直ちにシャフター基地に報告したが、シャフター基地当直将校は、この日、B17爆撃機群の到着引継ぎを受けていて、オパマからの連絡に緊急的な誇張もなく、受け取る側のシャフター基地は、連絡を自国の爆撃機と判断してしまった。

同7時12分、日本第一次攻撃隊、淵田美津雄中佐は、真珠湾の30マイル地点で電信兵にトト連走（日本暗号、奇襲攻撃司令）を命じた。

日本の攻撃隊は、獲物を狩る虎である。鹿児島湾での村田重治少佐の月月火水木金金の猛特訓の成果は遺憾なく発揮された。

真珠湾停泊の戦艦全8隻を筆頭に、94隻中18隻が破壊された。

歴史にない大戦果である。淵田中佐は、日本に向けて、電信兵にトラ連送（日本暗号、われ奇襲に成功せり）を命令した。

この間、ショート中将麾下高射砲連隊の31門は1発の弾も撃つことはなく、高射砲群が火を噴いたのは、日本連合艦隊帰還8時間後、空母エンタープライズの艦載機グラマンが日本軍捜索に疲れ、ハワイオハフ飛行場に降りようとした時、31門全高射砲が自軍グラマンに集中砲撃が行なわれた。

その戦果は、6機中4機で2機を逃したが、高射砲兵は「よかったね」と大喜びである。

キンメル大将とショート中将は軍法会議にかけられ、即座に解任された。

その裁判で分かったことは、戦時下のパールハーバー、キンメルの艦隊守備の待機体制の軍艦は25で充足率25パーセント、守備師団ショートの高射砲部隊31門の配備兵は4門であったが、4門すべてに高射砲弾は1発も準備されていなかった。このためショート軍団は撃つに撃てなかった。

●バターン戦　本間雅晴

大本営参謀総長杉山元は開戦に先立ち、南方攻略軍編成を第14軍本間雅晴中将、第16軍今村均中将、第25軍山下奉文中将それぞれを任命した。

本間は学者肌、神経が細やかで先々まで手配りする。このことは大本営参謀課員に何かと嫌がられた。

杉山は軍司令官の任命を終え、戦略と目的を命令し、「各軍司令官、意見があるか」と言葉を付け加えた。

本間は反応し、直ぐ挙手すると、マニラ攻略の期間について「敵情も分からず、攻略4・5日の約束は出来ない、攻略4・5日の根拠を教えて欲しい」と発言。その質問に杉山は露骨に顔を顰め「参謀本部の研究の結果である」と不機嫌に言い放ち、「何か、嫌なら軍司令官を返上しろ」と底意地の悪い声で本間にダメを押した。

日本軍に、米軍は弱いとの先入観と驕りがある。フィリピン日本軍上陸で恐れをなし尻尾を巻き逃げるはずだ。

いざ、戦端を開くと案の定、米軍最高司令官のダグラス・マッカーサーは、米比軍8万2000人を連れジャングル奥地バターン半島に立て籠った。

大本営は勝ちに驕り、14軍主力の48師団と第5飛行集団を次の戦地へ転用し、残る兵力で、本間にバターン攻略を命令した。

本間は、14軍３５００人をバターン作戦に転用したが，大本営が用意した2千分の１の地図では、道が分からず、道なき道、大砲の入らない悪路を飲まず、食わずでバターン要塞に３か月かけて辿りついた。

第65旅団老兵に米・比軍重要塞８万２０００人が陣をなして待ち受けている。米・比のバターン要塞は武器、弾薬、食料だけではない、子供たちの学校まで作られた要塞都市で、緒戦にして日本軍被害が戦死２７２５人、戦傷４０４人、行方不明２３０人に上り、米軍はこのことを世界中に大宣伝を行なった。

大本営は焦った。バターン戦は日本軍初めての負け戦になる。埒のあかない状況に杉山は怒り、毎日のように督促電を打ち、ついに杉山は、大本営から派遣参謀を投入。第14軍の指揮権を奪い、さらに追い打ちをかけ、本間に2月16日「天皇はご心痛である」と最後の督促電を出した。

本間は、副官の電報復命を聞き机に伏し泣いたと言われている。この時から、本間は会議の中央に座る以外何の役割も与えられず、勝ちは大本営が、負けは本間に。２月18日、本間は「血涙を飲んで、今後……」と悲壮な決心を持ち総攻撃を命じたが、第14軍は米・比軍の攻守に阻まれ餌食になり、バターンの地に日本兵は折り重なって倒れた。

●白旗　エドワード・キング

杉山は、この結果から、第14軍の幕僚を軍司令官、本間以外すべて解任し、フィリピン戦を大本営直轄の指揮下においた。

今や、常勝日本軍、大本営の太平洋戦争戦端前の、戦時研究の3年半も前倒しで印蘭攻略は終わった。

僅か黒一点がフィリピン攻略で、心配事がなくなれば、おせっかいが起きるは人の常である。本間の第14軍は、フィリピンのマッカーサー3万をバターン半島に閉じ込め幽閉しているだけである。戦端前の大本営のフィリピン攻略は、マニラの攻略であり、マッカーサーの降伏など必要としていなかった。

だが、大本営には端的に言えば、やることがなくなり、今や100点では満足しなかった。何かと慎重な本間に、参謀総長杉山元元帥は不快を表し、誰彼となく不満を言うと、バターン半島に閉じ籠ったマッカーサーへの意趣返しと、本間へ面当てに第14軍幕僚を大本営田中新一作戦部長、冨永恭次人事局長、服部卓四郎作戦課長をマニラに赴任させた。

さらに第一戦に、マレー作戦指導の辻政信中佐を付けるほど念の入れようだった。

本間は、大本営幕僚幹部に挟まれ、慎重な意見を出すたびに鼻息の荒い連中から「それでは駄目だ」「だから、駄目なんだ」「辞めて貰えれば、楽になるんだけど」など、一言一言に嘴《くちばし》を挟まれ、胃は荒れる、夜は眠れずでストレスは最高潮に達した。

それでも、本間は戦闘期間20日間、損耗率20パーセントの6000人で4月3日にバターン攻略を麾下第4師団、第5師団、第18師団、第21師団など総兵力3万人に下命した。

戦端を開き、わずか6日目の4月9日、籠城の守将、エドワード・キング少将はシーツを切り裂いた白旗を自ら持ち投降した。

バターン半島要塞に、米軍1万2000人、比軍6万4000人、その家族市民2万6000人が閉じこもった要塞都市は日本軍の攻撃で補給路が断たれた。

このことは、守将キングに10万人を賄う補給路が閉ざされ、今や、米比軍は1日1食の食事は蜥蜴《とかげ》を食べ、バナナやタロイモにその食を求めるほど欠乏を与えた。

食がなくなれば、必然的にマラリヤなどの風土病が蔓延する。日本軍がバターン攻撃に移ったことは、守将キングにとっては幸いだったのである。さらに、キングのバターン降伏の後押しをしたのが、米国大統領フランクリン・ルーズベルトからのマッカーサー脱出命令で、マッカーサーはキングに何の連絡をすることなく、家族とわずかな幕僚を連れて、オーストラリアに逃亡した。

キングは、「元帥の顔を最近、見ないが」と副官に問うと、副官は「元帥は大統領の命で外から作戦指導することになり、4月4日にバターンを出ました」。その言葉が終わるとキングは手に持った書類を落とし、体を折り膝から崩れ「主よ、我に苦しみを」と敗将になる不明を詫びた。

●捕虜移送　辻政信

本間は、バターン半島攻略の勝報に胸を撫で下ろしたが、その米比軍の呆気なさに愕然とした。

さらに驚きは、日本軍が想定した2万5000人の捕虜数は3倍以上の7万6000人に上ったことである。兵站監は、河根良賢少将でバターンからクラークフィールド基地収容所121・6キロ間、赤道直下の灼熱の道を捕虜輸送は予想を超える難事業である。河根はどのように計算しても成功は難しく、大本営派遣参謀辻政信中佐に輸送トラック350両と20日間の移送期間猶予を相談した。

辻は、言下に「駄目だ。徹夜で歩かせろ、期間は5日だ」と言い放つと、その残忍な頭が捕虜の移送は、河根の3分の2の日数15日は必要だろう。無理すれば逃亡と死者が多数出る。死ぬのは仕方がない、だが逃亡はその後ゲリラ兵を野に放つことになる。逃亡を防ぐには殺すことしかないと考えていた。

捕虜射殺命令を本間や河根に、ましてや大本営にも相談せず、辻は独断、本間軍司令官命で電話をかけまくった。

辻は、戦争は日本側にあり、捕虜の処遇など勝利者側で戦後どのようにでもなる。捕虜移送期間中の警備兵の配置と逃亡を恐れたのである。捕虜の大多数がフィリピン人と一般市民であり、一度群衆に紛れこむと分からなくなる、逃亡兵は、その後のゲリラ活動に入る。大多数の師団長や幕僚は、事の重要性に驚き、本間に、その命令の真否を確認し事なきとしたが、一部に捕虜虐殺の事実が起こってしまった。

バターンのエドワード・キングは戦争に負けたのではなく、食料の欠乏と軍・市民のマラリアなどの罹患によって負けた。

体力のない捕虜に食料と運送の手立てのない、河根良賢少将の捕虜移送は困難を極めた。捕虜は着の身着のまま、水筒を首にぶら下げ、サンダル履きで警備する日本軍をうらやましがらせた。

重武装と監視下にある捕虜の動向、炎熱下の太陽にあぶられながら日本兵は捕虜と歩かなければならない。また辻の移送期間の短縮は、炎熱下のマクベレスからサンフェルナンド間88キロ間が捕虜の歩行となり、飢餓とマラリア罹患で体の弱った捕虜たちが次々と倒れた。死の行進である。米比軍、市民は同僚の屍につまずいては2度と立ち上がることが出来なかった。

その数、米軍兵だけでも2300人である。責任を負ったのが、河根良賢と本間雅晴でマニラ裁判の判決は第一級死刑の絞首刑である。だが、米国でも本間には、第一級判決はあまりにも無慈悲で勝利側の復讐に等しいと考え減刑嘆願が起こった。

戦後、米国は、マニラ戦略爆撃無差別攻撃10万人の災害の隠れ蓑として、バターン捕虜移送死の行進を事あるごとに日本軍の残虐性を宣伝している。

●銃殺　本間雅晴

本間雅晴の戦績は、太平洋戦争のフィリピン攻略第14軍司令官1年間でバターン戦の終了を待って、予備役に回され軍高官の年金生活で悠々自適な余生が待っていた。同僚たちが第一線で死闘の末、玉砕という美名の死に場所しか逃げ場のない立場と異なって、予備役はそれなりに幸せであった。

人とは、ふしぎなものである。杉山の中傷から軍司令官解任の悔しさ、無念さなどは喉元を過ぎると忘れるのにそれほど時間はいらなかった。

外野から見れば、日本帝国の撤退戦が始まっている。本間のバターン戦とは勝ち戦、その本間への風当たりは、大本営の台本《シナリオ》であり、公然と本間雅晴は、日本のアンチヒーローとなるのに、そう時間は必要としなかった。

終戦で、敗戦責任が杉山たちに向かったことは、本間をさらに気を良くさせた。

本間は、幸運であったが、死に至った者、戦犯訴追に至った者に同情しては、その優しさから思い出しては熱い涙を流した。

本間のその日課の追憶は、本間を快眠に向かうと楽しい夢を見せてくれた。

夢は、本人の想像を超える。唐突に経験も考えも及ばない夢に、本間は明け方に胸苦しく悪夢となって襲ってきた。決然として夢の相手に向かい「さあ、来い！」と叫び、さっと上半身を起こした。

その本間の目に、尻尾を大きく上げ、両手を前に踏ん張り背伸びした愛猫のタンが写った。

本間は、悪夢の原因がタンで、本間の胸の上にいたことに気付き得心すると、汗ばんだ体を清めるため朝風呂を取った。

こぼれ来る日差しが格子戸に入り、湯気に投射し桃源郷を醸し出す、本間は長い激動の太平洋戦争から解放され軍人としてではなく、文人として再起する力が湧き上がり、「これからだ。予備役は、俺へのご褒美の充電期間だったんだ」と強く言い聞かせ、湯船から脱衣所の外に出ると下男の明が、そう白な顔で立っていて、「旦那さま、呼び出しが」と口を震わせている。本間は何のことか分からず、明が、なぜ狼狽しているかが理解出来なかった。

その日、本間はGHQに呼び出され、マニラ戦犯裁判にかけられると、何が何だか分からないうちに絞首刑を宣告された。

その罪名は、コレヒドール島捕虜移送虐殺罪。捕虜移送は、本間雅晴の指揮権剥奪の中で起こった事件である。弁護側はもちろん検事側も理解していて、本間を主たる責任者にするには無理があった。

だが、戦後、植民地から解放された、フィリピン側と勝者ダグラス・マッカーサーが頑強に本間の極刑を主張した。

アメリカ大統領ハリー・Ｓ・トルーマンは、知らせを聞き、せめて武人らしく本間を銃殺刑にするよう指示した。

本間は処刑に臨み、目隠しを拒み、執行官の指揮棒が天に上がると愛猫タンのように背伸びし、大きく息を吸い込み吐き出し、「さあ、来い」と執行官に叫んだ。享年58。

●第23日東丸　中村盛作

哨戒艇第23日東丸が犬吠岬の東、距離９７０キロで米機動部隊空母３隻を確認、艇長は中村盛作兵曹長。その発見で中村は念願の将校の道が開けた幸運を天に感謝した。

すでに連合艦隊は、敵情無線諜報で東経１６４度付近の米空母３隻の動静は摑んでおり、35隻からなる哨戒艇群が配置した。

特設監視艇とは聞こえはいいが、漁船の小舟で、海軍兵曹長とは名ばかりの海軍嘱託の捨て銭であり、俄か海軍のようなもの。中村が海軍兵曹長の肩書になった時、心にむくむくと功名心が沸き起こるのは男として当然である。敵空母発見、撃滅は金鵄《きんし》勲章どころの話ではない。１トンに満たない漁船から、兵10も預かる魚雷艇艦長も手に入ってきた。

木更津沖東経１５２度で中村は興奮で声をうわずらせ、「第23日東丸、敵艦隊発見、敵空母３隻確認、東経１５２度、犬吠岬東（約９７０キロ）」。逸《はや》る心を押え、緊急電を発した。

軍令部・連合艦隊、無線諜報で米空母の目的を東京空襲と予想し、日本海岸接近500キロで抑撃の作戦を立てていた。

軍令部員も第23日東丸の緊急電に小躍りした。

軍令部予想は、東京空襲が早くて4月18日の夕刻、湾岸（約480キロ）まで近づかないと空母から飛び立った艦爆機が空母に戻れない、向かい撃つ方も事情は同じで、米空母の目的が東京空襲、敵は艦爆機を上げた以上逃げられない。余裕を持って、連合艦隊に第21、26航空戦隊と第1航空艦隊第3潜水隊に抑撃命令を発した。

不幸にして、第1航空艦隊は台湾沖、第3潜水隊には抑撃命令が伝わらなかった。

残るのは、日本本土から抑撃する第21、第26航空戦隊で陸攻29、戦闘機ゼロ戦24が爆音をとどらかしたのは、東京空襲真っ只中の4月18日、正午である。東京空襲部隊ジェームズ・H・ドーリットル中佐は、東京空襲に長距離陸爆B25を使用し、発艦と同時に空母は方向を変え戦場を離脱、空襲後、身軽になったB25は、中国本土へ逃げ込む作戦。日本側には、予想も出来ないスーパーマジックが計画実行されていた。

帝都東京は、なす術《すべ》もなく、空襲警戒のサイレンさえ鳴ることはなかった。

ドーリットル隊は、縦横無尽に爆撃し、死傷者363人、被災家屋350戸は東京、川崎、横須賀、名古屋、四日市、神戸の広範囲に至って、一般市民に戦争の火中におかれている恐怖を体験させた。

中村をはじめ俄か海軍艇長たちは、お国のため、我が出世のため、危険を顧みず、米空母群を執拗に追い続け、米空母群の懐に飛び込んでしまった。

哨戒艇群に、特命東京空襲総指揮官ウィリアム・F・ハルゼー中将は、発見されたことを知り、東京空襲を1時間早めたため、ドーリットル空爆隊9名は目的地まで飛ぶことが出来ず戦死事故が起こった。

ハルゼーは、日本哨戒艇群撃滅を命令、哨戒艇群は壊滅した。

日本軍は、大失態を隠すため哨戒艇艇長に1人たりとも海軍将校に昇進した者などなく、その戦死もしばらく闇に埋もれた。

第二部

命運をかけた戦い

ミッドウェー海戦　１９４３年６月５日

●弁明　昭和天皇裕仁

帝都空襲を受けた東条英機は、軍令部総長永野修身と参謀総長杉山元を連れて参内し、昭和天皇に謝罪と釈明を行なった。

天皇は不快であり、玉座から怒りを抑え、東条をはじめ永野、杉山を睨んだ。しばし沈黙が続き、玉座に添えた手は震えている。東条は仕方なく口火を切った。

「臣から実情についてご報告申し上げます。鬼畜アメリカの所業を帝国は予見できず、目下調査中でございますが、陛下の臣民に数十名の死亡が起こりました。被災家屋につきましては数百に及んでおります」

報告が上がっている数値から、さらに少なめに報告し、東条は伏し目がちに天皇を見た。

東条は平身低頭しつつ、「申し訳ありません」と姿勢をそのままに、半歩下がり、「宰相、なぜこのようなことが起こるのか、お前たちは、何か隠し事をしているのか」とのお言葉に「申し訳ありません」と東条はさらに身を屈め、杉山と永野の後方に下がった。

「海《かい》が体《てい》たらくで……」と杉山の、のほほんとした他人事のような言葉に、天皇は玉座の肘掛けを打って立ち上がり、「そのような心持か」と前のめりの姿勢で机に両手を添え、３名を見据えて玉座に戻った。

付き添いの木戸幸一内府は、その場を収めるために、「永野、何かないのか」と軍令部総長に発言を求めた。

永野は虚を突かれ自分の意見を言えず、疑問だらけの山本五十六のミッドウェー島攻略戦を口に出すしかなかった。

中部太平洋の橋頭堡、ミッドウェー島。山本の目論見どおりアメリカ機動部隊が誘いに乗るのか、あまりに野心的で実現しそうにない。ミッドウェー島攻略を軍令部の知恵袋、今《いま》信玄の伊藤整一がどのように考えても、確率が25パーセントのミッドウェー島上陸作戦。アメリカには奇跡的に残っている虎の子の、空母が帝国海軍連合艦隊に真っ向勝負では、この作戦が愚策であることは、３歳児でも出来る計算である。

誰もが反対する中、ひとり声高に叫ぶのは神がかった山本の、はったり的自信だけである。しかし、帝都空襲を何ら防げず、蹂躙された無念さは天皇でなくても怒りに耐えない屈辱である。天皇が考えるように緒戦にして米太平洋艦隊の90パーセントを破壊した帝国艦隊が、米機動部隊の日本接近を知りながら何ら手を打たなかった。

軍人としてこれほどの恥じるべき大失態は、今、天皇の前で釈明するには、伊藤の正攻法を捨て、山本の野心にまみれた一か八かの博打を隠し、従わなければならない。

永野は木戸の質問に詰り、喉まで出かけているミッドウェー島攻略論を抑えたが、「策がない、頭の固い奴らばかりだから、海の奴らは」と、挑発するかのように杉山の嫌味が漏れる。「馬鹿野郎。人の気持ちも知らずに、天子様の前でお前たちのように、ただ進むだけの単細胞とは我々は違うんだ。我々は中部太平洋に楔《くさび》を打ち、後顧の憂いを断つのだ」

永野はついに天皇の前で、山本のミッドウェー島攻略戦を口にした。

●大海令　永野修身

参内で陛下の嘆息を受け、東条英機から睨まれ、杉山には馬鹿扱いされ、憤懣やる方ない永野修身は、日吉の軍令部総長室に戻ると、作戦課倉片少佐を呼びつけ大海令立案を起草させた。

大海令第18号である。指示する手は震え、机を指で「コツ、コツ」と叩き続け、課員倉片は、永野の作戦理由がめまぐるしく変わり、疑問を口にするたび、舌打ちが返ってきた。困惑する倉片の回覧鋏の便箋が7枚に達し、8枚目をめくろうとした時、5枚が外れ床に散らばった。

いらついた永野は回覧鋏を蹴りつけると、運悪く倉片の右目に当たった。

倉片は痛さのあまり床に転げ回ると、永野は我に返り、「副官、誰か呼べ。倉片を治療室へ運べ」と大声を上げ、数人がかりで治療室へ連れて行かせ、床に散らばった便箋を拾いはじめた。その便箋を整理し、イロハ順で区分けし、重要項目を書き込み「〇」を記した。

イ宛先　連合艦隊司令長官山本五十六。ロ攻略先　ミッドウェー及びアリューシャン。ハ目的　米軍機動部隊壊滅。ニ全力投球。ホ陸軍と協力。ヘ予定日6月7日。ト敵空母4～5隻。そして8枚目が「悪かった。クラカタ」である。それを自ら浄書すると倉片の治療室に向かった。

病室の白いベッドには、倉片が顔半分を包帯で巻かれて寝ていた。部屋には作戦課の同僚たちが心配して駆けつけていた。そこで事情を知った同僚たちは、永野の行為に憤り、悪口が集中した。室内の声は外には漏れなかった。倉片の枕元にいた野田は、永野の入室に驚き、急遽、話題を東条英機に変えようとしたが、「東条も駄目だが、永野はさらに駄目だ。あいつは精力絶倫だ」と中原は、言ってはならないことを口にした。

野田は慌てて、中原を制止しようとした手が、ベッドの倉片の胸に触れ、それで目覚めた。その倉片の眼に入ったのは、永野の仏頂面であった。急いで上半身を起こそうとすると、「そのままでいい。悪かったな、倉片。ゆっくり休め。大海令は俺が浄書した」と永野は言い、内容を読み上げた。

「大海令18号　山本五十六連合艦隊司令長官に命令　中部太平洋において米艦隊撃滅　陸軍と協力し、ミッドウェーおよびアリューシャン列島を攻略すべし　奉勅　軍令部総長　永野修身　第一次起草者は倉片直中佐。お前は今日から海軍大学教官の倉片中佐だ。ご苦労」

ゆっくり読み終えると、倉片に近寄り、居住まいを整え挙手をすると踵を返した。

永野の背には、倉片の号泣が聞こえ、廊下の先に波濤を割る戦艦大和の勇姿が眼に入り「負けてたまるか！」と決意を新たにした。

●ミッドウェー島　大海戦　山本五十六

ついに山本五十六に待望のミッドウェー島攻略の許可が下り、山本は躊躇することなく連合艦隊すべての作戦計画に没頭した。３５０隻、総員10万名に及ぶ世界最大の海軍部隊は赤城、加賀、飛龍、蒼龍の各空母に積んでいる海鷲は１０００機以上に上った。

さらにミッドウェー島海戦には、アリューシャン列島攻略の空母龍驤《りゅうじょう》・隼鷹《じゅんよう》が動いている。対するアメリカ太平洋艦隊は、機動部隊レイモンド・スプルーアンス少将の空母ホーネットとエンタープライズの２隻という情けない状況である。

近代戦の諜報戦略では巨艦を隠すことは難しい。それでも連合艦隊山本は、米空母を３隻と踏んで作戦を練っている。アメリカの不幸は、ミッドウェー島決戦の前哨戦となった珊瑚海戦で米２空母、日本２空母の相打ちが起こり、現存していたホーネット、エンタープライズ、ヨークタウンの３隻の内、日本のイ３潜水艦がヨークタウンを射止めた。

ミッドウェー島海戦は、米空母２隻対日本帝国空母４隻である。この時、ゼロ式戦闘機は世界最高水準で米グラマンを衆寡敵とせず、空母の差、戦闘機の優劣性など、今やアメリカは日本空母に真っ向から戦えない、情けない状態であった。太平洋艦隊司令官チェスター・W・

ニミッツ提督にあるのは、諜報戦と日本暗号の解読である。

日本の布陣は、潜水部隊が先陣を切り、そのあとを機動部隊空母4隻が3キロの間隔で水平に進み、主体の連合艦隊山本の旗艦大和で空母から300マイルの距離をとって進む大名行列である。ニミッツは連合艦隊の動きと暗号から、山本はハワイかミッドウェーと睨み、山本に罠を仕掛けた。

「ミッドウェー島の給水施設は壊れた。水を補給しろ」。平文の電報である。帝国海軍軍令部は反応すると、連合艦隊に暗号を送った。「AFは水に困っている」と。

ワシントンの米海軍作戦部は小躍りした。山本はミッドウェー島に来る。米海軍作戦部の主目的は、ミッドウェー島だが、25パーセントの確率でハワイのおそれもある。駆けつけ背後から寝首をかく位置はミッドウェー島になる。哨戒機で500マイル内に網を張り、空母ホーネットとエンタープライズが日本機動部隊の出現を待っている。さらにニミッツは重要な決断を下した。

ミッドウェーかハワイどちらの攻撃でも、地上の被害には目をつぶる。ミッドウェーまたはハワイ空襲の平文で入る電報で、日本軍地上攻撃完了後、空母帰還時に攻撃をする。空母戦は200マイルから300マイルで攻撃に入る。空爆が始まれば、その位置から連合艦隊機動部隊の位置が割り出される。幾重にも計算し尽くされた連合艦隊空母群は哨戒飛行に重きを置かず、先行する潜水部隊の哨戒を頼りに進んでいる。山本はそれでもミッドウェー島圏

1000マイルに入ると、哨戒飛行態勢をとった。

●ミッドウェー島　判断　源田実

ミッドウェー島北西240マイルで連合艦隊機動部隊第1航空戦隊司令官、南雲忠一中将は地上爆撃を発令し、空母群は風下で雷撃機を並べ邀撃態勢をとった。

航空参謀は源田実中佐である。またミッドウェー海戦の帰趨を決めたのも源田だ。ミッドウェー島から日本空母群にB17の35機が襲い掛かるとゼロ戦になすすべもなく、空母群の周りに水柱を上げ、南海に叩き落された。

第1次ミッドウェー島地上攻撃隊指揮官友永丈市大尉は、その状況から旗艦赤城に、「友永　第2次攻撃必要と認む」を打電。南雲は躊躇することなく待機の艦爆機の爆走替えを命令。爆走替えは1機2時間に及ぶ大作業である。日本海軍の機敏性は、爆走替えをスムーズに移行する中で利根の哨戒機が米機動部隊を発見する。

朝8時0分「敵らしきもの見ゆ」と哨戒機からの誇張もなく、おっとりした発信を傍受した南雲と源田は、米機動部隊がミッドウェー島救済に向かって来たと、錯覚し思い込んでしまった。

さらに哨戒機の「巡洋艦5隻　駆逐艦5隻らしきと見ゆ」が緊張感を大いに欠くことになる。南雲と源田は敵空母ではない、距離240マイルは充分な時間と判断。そして哨戒機からの3度目は「敵空母らしきもの1隻見ゆ」。空母群官僚の目つきが変わった。特に反応したのが、第2航空戦隊司令官山口多聞少将だった。

「上げよ、上げよ」。駆逐艦野分を走らせ、南雲に早期出撃を要請した。

その内容は激烈で恫喝に等しく、南雲は眉を曇らせ「猪突武者め、誰が指揮官か、判断するのは俺だ」と不快を漏らした。

南雲の判断は、敵空母はハワイからミッドウェー島の救済に向かってきている。全軍をもって叩く。そのために爆走を戻し、友永隊の帰還を待ち、日本機動部隊4隻から二の矢、三の矢を撃つ。「ゆっくり焦らず、完璧に」。水も漏らさない態勢を執る。

南雲の日本海軍文殊菩薩と言われた頭脳は、怜悧に1手先、2手先を読み、30手先で心を決める。念のため、南雲は懐刀の源田に考えを聞く。

「日本機動部隊に対する攻撃機のすべて陸爆はB17、この兆しから米空母はハワイから来たものと想定する。距離240マイルは、第1次攻撃隊の収容を待ってするのが望ましい」

さらに源田は「ゼロ戦を上げて攻撃を」と付け加えた。

米軍の「肉を切らせて骨を絶つ」捨て身の戦法に引っかかった南雲は、「全指揮官に告ぐ。我に従え。逆らうもの解任、軍法をもって処分する」と駆逐艦を走らせ手旗信号、電文で命令した。

この時、エンタープライズとホーネットは驚くことにイ13に大破された。ヨークタウンも加わり大量の雷撃機と艦爆機の発艦は始まった。

片やミッドウェー島爆撃機収容が終わった赤城と加賀が、敵空母邀撃のため風上に向けて回頭を始めると、急降下爆撃機ドーントレスが赤城、加賀、蒼龍の甲板を襲撃、放置されていた爆薬に引火すると大爆発が次々と起こった。

●ミッドウェー島　退艦　草鹿龍之介

ミッドウェー海戦は瞬時にして雌雄を決した。

連合艦隊機動部隊旗艦赤城の大破に我を失った南雲は、総員退艦の命令さえ出せず、「あと5分、あと5分、あと……、あと……」の繰り言は、幕僚に悲劇の将の悲しさを誘った。

参謀長草鹿龍之介少将は常軌を逸した南雲に代わり、総員退艦を命ずると、嫌がる南雲を「司令官を運べ」と従兵に命令した。

駄々っ子のように嫌がる南雲は従兵5人がかりで救命ボートに運び込まれ、そこから赤々と燃え上がる赤城を見て落涙した。

南雲の自決を心配した従兵たちは、南雲を厳重に囲み、なおも南雲は合掌し涙ながらに「あと5分、あと5分」と繰り返していた。

救命ボートは長良に向かうと、南雲は正気を取り戻し、縄梯子を自ら掴んだ。生存本能が働いたのか、縄梯子を握り締め、長良に上った。

準備を整えていた飛龍と蒼龍は邀撃態勢に入り、轟音を立てて宿敵米空母ホーネットとエンタープライズに向かって出撃した。しかし空母の宿命で全機出撃まで移動することは出来ない。この困難な状況にありながら飛龍の加来止夫、蒼龍の柳本柳作は立派にやり遂げた。

飛龍の加来が歴史に残した功績は、海鷲を揚げながら完璧に爆撃を回避したことにある。悲劇の知将山口多聞は、女房役の加来と身をもって殉じた蒼龍柳本により、戦史に残る大役を果たした。

第2航空戦隊山口の戦績は、米空母1隻撃沈、1隻大破である。山口自身、この時、米太平洋機動艦隊すべてを撃破したのである。南雲の「待て」の劣勢に米太平洋艦隊の完全なる奇襲は、山口の陸上爆撃をもって米空母を撃沈、大破させられた。この偉業は神業であり、山口は海の軍神に上り詰めた。

飛龍の最後が来ると部下は泣き叫びながら、山口に生きることを願った。しかし山口は「先に逝く。冥土で待っている」と微笑んで退艦を拒んだ。

山口の冥土の土産は、米太平洋機動部隊の完全な消滅だったが、不幸にして山口に伝わった成果は誤報である。第2航空戦隊の撃滅の成果は、米空母ヨークタウン1隻である。ミッドウェー海戦において、連合艦隊の戦況判断の誤りと、米太平洋艦隊2隻の空母はイ13により大破させられたヨークタウンが応急処置をして、満身創痍ながら駆けつけていた。

山口の冥土の土産には花を添えられたのかもしれない。享年山口多聞49、加来止夫47、柳本柳作48。

●ミッドウェー島　人柱　山口多聞

「我、敵機動部隊撃滅戦に入り」

旗艦大和に南雲中将からミッドウェー海戦開始の入電があったのは、朝8時23分である。この時、連合艦隊司令長官山本五十六も幕僚陣も特段気に留めず、機動部隊完全勝利の報を待っていた。

山本は艦橋で一人パンとコーヒーを飲みながら、ミッドウェー海戦後の戦略に思いを巡らせていた。

「勝ち戦の中、第三国の仲裁の手打ちがいいが、ソ連は汚い。どのように考えても交渉国がない。帝国は世界から嫌われている。妙案がない」

ぼんやりと出口のない迷路に入り、頭を痛めていた。

ミッドウェー海戦の帰趨を決した連合艦隊機動部隊4隻大破が起こった朝10時44分、山本に副官が血相を変えて走り寄り、「長官、機動部隊に奇襲です」と驚天動地のような報せだ。「何っ」。山本は俄かに信じられず、副官に連合艦隊幕僚を呼びつけるよう命令した。「ミッドウェーへ急げ」である。

山本の油断であった。山本が考案、実施した近代海戦は、奇襲で飛行機を上げ、敵を叩き戦場を去る。帝国海軍は、これを理解せず、山本の思いつき、たまたま偶然のヒットを考えていた。東郷平八郎以来の巨艦砲撃破滅の固定観念が、山本の20年先を読む戦術を理解しなかった。

片やパールハーバーで、完膚なきまでに叩かれたアメリカは、山本の戦略をそっくり真似て復讐戦に入った。連合艦隊の戦況分析、米太平洋艦隊空母最大3隻、水雷戦隊、巡洋艦少、戦艦なし。今や連合艦隊に敵なし。神に近づいた山本の油断である。理解出来ない司令官を使い、パールハーバーはたまたまのラッキーが軍令部の固定観念となった。

連合艦隊戦艦群は南雲機動部隊後方３００マイルにいた。この距離は、主戦場ミッドウェー海に最高速度をもってしても9時間を要した。どう考えても時期を逸した。まさに油断である。山本の半信半疑の疑問は30分もせずに最悪の結果を伝えてきた。

「機動部隊壊滅。米機動部隊1隻撃沈、1隻大破」と。山本はこの事実に困惑した。

艦橋に身を置いて、あり得ない戦況に「なぜだ！」が、頭を駆け巡った。

人は不測の事態に遭遇すると、思考が停止することがある。次の手が打てないのである。山本の心境はまさにこれに当たる。山本が主戦場ミッドウェーにたどり着いたのは6月5日午後8時のことである。山本の目には、漆黒の海に油が漂い、近づくにつれ器具、備品、機材とともに将兵の死体が波間に洗われている惨状が映った。南雲機動部隊空母と護衛艦隊が真っ赤な炎に包まれ、黒煙を上げている。

山本は愕然として、その事実を受け入れた。予想外の展開に不快を表し、司令官室に入り扉を閉めた。再び山本が艦橋に姿を現したのは、幾千の帝国に殉じた将兵の水葬と空母群の処理であった。霧笛が響き、大勢の将兵が見守る中、赤城に続き飛龍の処分となった。飛龍には山口と加来が生きており、皇国の人柱である。山本はいたたまれず席を外した。

●ミッドウェー島　美津子

日吉の軍令部に連合艦隊機動部隊壊滅の報が入ると、軍令部総長の永野修身は自決を決意した。

参内し、不明を詫び、昭和天皇の怒りをバネに自決する。心が定まった永野は辞表を書き、副官に緊急参内の手配をさせると私邸に戻り、思い残すことのないよう自ら雨戸を閉めた。64歳にして多情なのである。妻美津子は永野より20歳近く若かった。副官の連絡を受け、皇居の玉砂利を踏んでも美津子に未練が残った。

運が良かったの悪かったのか、自身の考えではなく、皇族の引きで永野は海軍の最高位にまで昇りつめた。パールハーバーで功を上げ、その功はミッドウェーで終焉した。

すべては他人の功績を掠め取ったようなものだが、唯一《ただ》つ永野が自身の力で得たのは美人の美津子であった。未練が残るが、吹っ切る以外ない。天皇の待つ賢所《かしこどころ》へ向かう。

帝都空襲であのような怒りを天皇に、それより悲惨なミッドウェーの戦況では、ひれ伏して自刃しなければ収まりはつかないだろう。やんごとなき次第だ。これが定めだ。永野は自分に言い聞かせた。

天皇は木戸内府と談笑しながら待っていて、永野を笑顔で迎えた。

「卿《きょう》は辛い目にあったな」と天皇からミッドウェーの話を切り出した。永野は詫びの言葉に逡巡したが、天皇のお言葉に緊張を緩められ、懐の辞表を低頭して差し出した。

天皇は「卿、戦《いくさ》は時の運、我が臣民の安寧のため、さらに務めよ」と、穏やかに言った。永野は感極まり、「不忠の臣、御帝のお考えで、新たな方に」。声が震え、さらに低頭した。

天皇は手にしていた辞表をふたつに裂いて、木戸に手渡した。受けた木戸は「大御心である。臣はより一層努力せよ」と辞表を下げた。

永野は内心ホッとして、心を読まれぬよう体裁を整えようとしたが、その所作が天皇と木戸の笑いを誘った。

永野は「臣は、鬼畜米英を一掃するため、さらに邁進する所存でございます」と述べ、皇居を出ると私邸に向かった。

だが永野修身は、東京裁判の被告人として巣鴨プリズンに収監され、獄死した。山本五十六の戦死、永野修身の獄死で海軍の戦争責任者が消えた。

海軍関係者が戦後一貫して、陸軍に引きづられた被害者と弁明できるのは、永野の死により成り立つ虚構である。

永野修身は昭和22年1月5日、獄死。享年66。

ガダルカナルの戦い　1942年8月7日

●ガ島日米初戦　一木清直

日本海軍は、ミッドウェー島海戦の大敗北でオーストラリアとアメリカを分断するためガダルカナル島テナルに飛行場を建設した。

日本軍のガダルカナル島占領は、飛行場設営隊2000人と陸戦隊の230人で、すでに日本暗号のすべてを解読していた米軍は、テナル飛行場建設完成を待って、海兵第1師団アレクサンダー・バンデグリフト少将1万9000人に奇襲させた。

陸戦隊230人、設営隊2000人、武器は旧式、戦闘訓練も行なったことのない老兵たちである。米軍を見ると日本軍はジャングルに潜むしか手立てがない。米軍の横取りテナル飛行場は、米軍がヘンダーソン飛行場と改称、日本軍再上陸の最大の支障となるが、大本営は、米軍のこそ泥的なやりかたに怒りを露にし、何も考えず、一木支隊一木清直に、わずか1000人をバンデグリフト海兵第1師団1万9000人の中に来襲させた。

米軍など空に向かって威嚇すれば尻尾を巻いて退散する、常勝日本軍の驕りに驕った姿勢は一木支隊を死の特攻に追いやった。

一木がガダルカナル島に上陸したのは、8月18日、テナル飛行場南40キロにあるダイブ岬である。一木支隊は、兵1000名上陸後、武器弾薬の到着を待っていたが、制海・制空権を奪われた日本軍の武器弾薬運搬船が米軍の攻撃で遅れに遅れ、ジャングルで無駄な時間を過ごすことになる。一木清直大佐と幕僚の焦りが将校斥候を野口中尉に命じた。

野口は、精鋭の斥候32名を連れ、テナルを目指したが、不運にして、米軍包囲網の中に入っていた。

野口たちは、何が何だか分からない内、米軍2000名の自動小銃が構える中で全滅した。一木は、後方で、自動小銃乱射の銃発音に斥候たちが発見されたことを知り、最早、武器弾薬なしでの、日本軍伝統の夜襲を決断した。

8月21日未明（3時10分）、一木支隊は、テナル飛行場北端の小高い山に集結すると、照明弾を上げ、一木支隊1000名、山から下へ三八銃に着剣し奇声を挙げ勢いを付け、転がり込むように、米軍中央正面ウィリアム・ポラック中佐指揮下3000名の中に突っ込んだ。

ポラック中佐以下3000名に、重戦車の壁と土塁の陣地が構築されている。土塁の中は鉄板の壁で手留弾と小銃の日本軍は、土塁の前で膠着状態になり、恐怖で目を閉じている米兵の自動小銃に撃たれ死んだ。

米兵の恐怖は一瞬のことで、我に返ると、日本兵とは、猿が木の棒を振り回しているだけで、人が動物に負ける訳がないと自信を植え付けた。

後は、武器のない猿と人の戦いである。30分も経ずして勝敗は決し、一木大佐は容易ならざることを知り、軍旗を焼くと自身のコメカミにピストルを当てて死んだ。

一木支隊の死傷者は800名、捕虜15名、米軍は、偶発的な流れ弾と手榴弾によって死傷109名である。大本営は一木支隊玉砕の報に何ら感情を表わさず、米軍戦死34名を過大評価し、一木支隊は少なくても米軍に500名程度損傷を与えただろうと都合よく計算した。

●ガ島第2戦　川口清健

一木支隊玉砕に大本営幕僚は、ガダルカナル戦の敵情視察兵力で1000人対1000人の戦いは陣地構築の米軍の中に一木支隊が重火器を持たず、特攻攻撃の末、自滅したと勝手に考えると、予定どおり川口清健少将第35旅団を増派した。

川口旅団精鋭4000人である。1対4、これならいかに守りを固め、ヘンダーソン飛行場の優勢なる米軍包囲網でも負けることはない。また、一木先遣隊がいかに分が悪い戦いをしたとしても、米軍に25パーセントぐらいの損耗は与えている。米軍は、一木先遣隊の猛攻に驚き、新たな日本軍4000人の包囲網をもってすれば、10日間ももたずガダルカナルは堕ちるはずだ。

日本軍は、川口旅団上陸前に輸送部隊駆逐艦朝霧が大破し、輸送艇30隻のうち20隻が空爆で破壊された。

川口旅団は戦う前に、損耗率50パーセントで辛うじて２０５４人が、ガダルカナル西端エスペランス岬に上陸できた。

川口の苦難は、まずヘンダーソン飛行場奪還の道の確保から始まった。

道なき道は、困難を極め、川口は、大本営にガダルカナル決戦を13日早朝と打電。国生、田村、渡辺の各大隊と一木支隊の残存部隊の熊大隊に分け、ヘンダーソン飛行場南端アウステン山を目指し一点集中、四方から攻めることにした。

大本営は軍令部と協議し、川口案から１日を早め、12日決行で「貴軍の健闘を祈る」と作戦を了承した。

ところが、川口は12日決戦を了承しながら、12日「道に迷い、12日決行は出来ず」と再度13日決戦を大本営に求めた。

すでに、海軍は12日決戦に舵を切っている。12日ガダルカナル北方に第1、第3艦隊を派遣、ラバウルから陸攻、ゼロ戦が襲来し攻撃を開始した。

だが、肝心の陸から攻撃開始の緑黄色の信号弾は空に向かって上がらない。作戦日1日の違いは、13日に海空支援ない中、川口旅団、死の夜襲１５００人は、夜10時、米軍戦車、土嚢で三重四重に覆われた包囲網の中に小銃と手榴弾を持って奇声を上げ飛び込んだ。

日米太平洋戦争初の正面戦争、米軍自動小銃放列と１万９０００人の中に、日本軍１５０

0人の歴史的虐殺消耗戦が起こった。

歴史的な戦いで米軍の完全勝利は、さらに日本軍に不名誉な記録を残した。

川口清健は「道に迷った」と後日弁明したが、川口旅団司令部と渡辺久寿吉中佐大隊に積極的戦闘の喪失が起こっていた。

14日朝、ヘンダーソン飛行場周囲全面に日本兵1000人の死体はあたかも黒蟻の如くに伏し、南国の日差しが容赦なく照り付けた。

戦い疲れた米兵は戦争への無常観に茫然として立ち尽くし、バランスシートは米軍戦死40人、戦傷103人、一方、日本軍は戦死487人、戦傷396人、退却500人である。

●ガ島輸送事情　馬鹿野郎！　田中新一

南方軍と第17軍百武春吉中将は、川口旅団の玉砕の報に、その敗報は川口の重火器が使用できず、裸同然の無謀な夜襲から起こったと分析、理解した。

今度は本気でやる。もう1度チャンスをくれ。南方総軍寺内寿一元帥は大本営に泣きついた。さらにガダルカナルの敗戦は、日本軍不敗神話が崩れ、今後に与える影響が大き過ぎる。今度は本腰を入れ、百武本人が指揮を執る。幾重にも膝を折り、頭を下げ頼み込んだ。

大本営も太平洋戦争初の負け戦に冷静さを失っており、南方総軍と同様ガダルカナル緒戦で米軍を叩かなければ、主目的の米豪遮断が出来ず、日本帝国の牙城・サイパンに火の手が及ぶ。双方の考えが一致した。

大本営は、本格的に軍令部と協議に入り、ガダルカナルに第2師団丸山政男中将2万人、第38師団佐野忠義中将2万人を増派し、連合艦隊支援艦隊輸送30パーセントで臨む計画が出来上がったが、そこに待ったをかけた男がいた。

意外にも、総理大臣東条英機である。日本帝国の回船総数は３００万トンを割り、ガダルカナル決戦に大本営の３０万トンの回船要求を飲んでしまえば、民間の工業生産に支障をきたし、工業生産はもちろん、民間人への生活物資補給が枯渇してしまう、今や、日本帝国は不要なメンツを保つ戦争など出来る状態になかった。

たび重なる大本営の要求にも関わらず、東条は大本営に色よい返事を寄こさない。大本営幕僚は鳩首会談を重ね、本決戦をもって大船団輸送は行なわないとの条件を出し、東条に24時間、返事を猶予した。

大本営としては自らの親分、東条に子分たちの最後の頼みであり、泣いて頼んでいるのだという思いがあった。だが、東条は子分につれなく「ノー」と、返事を24時間も考えることなく、４時間に満たない閣僚了承で返事を返した。

それを聞いて、大本営田中新一作戦部長はコメカミに青筋を立て、軍刀を掴み、鞘を払い、机に置いてある松の盆栽を叩き割った。

それでも腹の虫が納まらない田中は首相官邸に一目散に飛び込んだ。

東条は執務室で、閣僚会議、海軍・商工大臣と顔を突き合わせて意見の調整中だった。

執務室の扉が、割れんばかりの勢いで開かれると、まなじりを上げ、コメカミに青筋を浮かべた田中が飛び込んできた。今にも掴みかからん勢いの田中と下から見上げる東条との双方の目がかち合う。田中が「何だ。あの返事は」。その声には一国の宰相に対する敬意など微塵もない。東条は動じることなく冷静に落ち着いた声で「田中君、戦争というものは1人では出来ないんだ。無理なものは無理なんだ」と理路整然とした情勢を解説し始めた。「何だと、この馬鹿野郎!」。時の宰相東条英機を怒鳴り付け、東条の前のテーブルを蹴り、跳ね上げる下剋上が起こった。

東条は静かに立ち上がり、田中に背を向け部屋から出ると、杉山元を呼び、田中の更迭と詫びを要求し、田中の大本営要求案の30万トン配備の裏取引に応じた。

●ガ島本戦　丸山政男

大本営と第17軍はガダルカナルの敗報に、ガダルカナルに本腰を決意し、マレー攻略の勇将、丸山政男中将第2師団2万人と、後詰《うしろづめ》に佐野忠義中将第38師団2万人の計4万人を増派し戦いに挑んだ。

何が何でも、ガダルカナルに勝利する。ただその一念は、喧嘩に負けたことのないガキ大将の悪あがきである。田舎のガキ大将が都会にポッと出て、金持ちのドラ息子と路上で睨み合いが起こり、ドラ息子がガキ大将より数倍も喧嘩支度している中、ガキ大将は徒手空拳で戦いを挑んだようなものである。

ガダルカナルは、今や制空権も制海権もアメリカにある、その上、日本軍が横取りされた飛行場へンダーソンで邀撃機が猛威を振るっていて、ガキ大将は、正面にドラ息子、後ろにドラ息子の飼う狂犬が唸り声を挙げて威嚇され、両側の2階から、目潰しの灰をまかれるような状況の中にあった。

案の定、第38師団佐野忠義中将の輸送船団は、米潜水艦と空からの爆撃で半分が沈められ、兵隊たちの半数は鱶《ふか》の餌食となり、半数は着のみ着のまま、海岸に泳ぎ着くのが精一杯で、丘に上がるとジャングルに潜む以外何も出来なかった。

第2師団が、ガダルカナルに上陸できたのは、単に天運だけの問題だった。

ガダルカナルに武器のない、戦いの出来ない2万人以上の兵隊たちには、飢えとの第2の闘いが待っていた。

丸山は、それでも戦闘組織を立て直し、徒手空拳の態勢でアメリカ軍バンデグリフト海兵第1師団に夜襲を敢行した。

ガダルカナル本戦は、第17軍百武が自ら指揮を執り、大本営も、そうそうたる参謀を派遣していた。

悪戯に消耗する日本軍、火器のない日本兵、今や皇国の精鋭たる軍人ではなかった。

百武と派遣参謀に出来ることは名誉の玉砕しかなかった。

百武は南方総軍寺内寿一元帥に全軍を上げての玉砕を打電、寺内はあまりにも無謀なる死の特攻に深い悲しみを覚え大本営に上申した。

「武器なし、糧食欠いて立つことも出来ない、天皇の赤子に再起を与えられんことを願う」大本営作戦課長、真田穣一郎は電文の報告を受け大きな涙を流し、立ちすくんだまま、しばらく放心状態になり、涙の止まるのを待った。

真田は作戦課長昇進の前に、ガダルカナルに現地派遣されていて日本軍の実情を誰よりも深く理解していた。

しばらくして気力を奮い立たせ、涙を袖で拭き取ると真っ赤な目は静かな足取りで杉山元の部屋に向かう。杉山に「閣下、ガ島の兵はやることをやった。せめて本土で――」と嗚咽が漏れ、最後まで言葉にならなかった。

杉山は真田の赤い目に微笑みを返し近寄ると、真田の肩に手をかけ「真田君、ありがとう。その涙はガ島3万の兵を救った」とすべてを真田に託した。

●ガ島　泣き虫　真田穣一郎

真田は直ぐに上申し、決裁を急ぎ、自ら駆け回り、躊躇する高官、大臣を叱りつけ、署名を渋る者は自らが代筆署名した。

太平洋戦争初の転進（退却）命令を急ぎ南方軍に示達した。

真田の戦いはそれからが大変で、ガダルカナルの撤退する兵の輸送、今や陸軍の輸送船団は海の棺桶である。ガダルカナルの日本兵を1人として助けることが出来ない。陸の大本営と海の軍令部、軍令部は当然、協力に消極的である。ミッドウェー島そしてガダルカナル島で空母・戦艦・巡洋艦を失っている。これ以上、ガダルカナルへの協力は、溺れる子を助けに飛び込み自滅するに等しい。声高に軍令部は、ガダルカナル兵玉砕か、見殺し論が大勢を占めた。真田は粘った。

「ガダルカナルは、海軍の米豪遮断の要求から起こったことだ。先を考え、今を惜しむのは如何なものかな」。正論である。海軍はミッドウェーの代償としてガダルカナルに飛行場を建設し、南海の小さな島で芋の子を洗うような戦争が始まったのである。軍令部は真田に負け、駆逐艦10隻の派遣、そしてダイハツのピストン輸送の妥協策で手を打つことにした。

残されたのは、連合艦隊司令長官山本五十六大将への説明である。軍令部は、斎藤少佐を呉の山本に派遣した。

山本は、斎藤の大本営立案計画書を読み、怪訝な顔をしたが、特段感情を表わさず指令書に署名を行なった。

真田は、山本に礼を表わすため急ぎ呉を訪ねた。

山本は、戦艦大和甲板で真田の来訪に足を運び、真田を迎えた。

大和は、艦橋が西を向いており、夕日が中国山脈に没しようとしている日没、出迎えた山本の顔が真っ赤に染っている。「真田君、迷惑をかけるな」と山本が最初に詫びと慈愛の満ちた声を真田にかけた。

真田は、今の今まで海軍の誰からも嫌がられ迷惑がられた厄介虫。杉山に転進の願いの許可は、身内の陸軍部内からも、その弱腰をあからさまに陰口をたたかれ、この2週間、鬱々として心の置き場がなかった。

山本には、真田の悲壮感に漂う青白い顔が日の光でさらに悲しげに映った。

「真田君、あれでいいのか」。ガダルカナル撤退の駆逐艦数が山本の最初の言葉だった。真田は「充分です」と答える。ここで優しい言葉が出るとは、真田の胸に張り裂けるほどの感情が込み上げる。

山本は「3万の兵の転進は速やかにやろう。10隻では無理だ。私は、真田君に20隻を使って貰いたい」。真田は、この山本の20隻の話に抑えていた感情と耐えていた涙が堰を切って流れ出た。

山本は真田の手を掴み、「優しさが一番強い証拠、人として忘れてならない大切なものだ」その声は涙でくもり、真田に山本の眦《まなじり》に涙が湧き出ているのが分かり、涙が夕日に反射し、金の滴《しずく》のように映った。

●ガ島撤退使者　井本熊男

第8方面軍参謀井本熊男中佐と第17軍参謀長宮崎周一少将は先輩後輩の関係にあった。宮崎は、現場叩き上げの苦労人。第17軍参謀長も軍歴最後の花道で、開戦に至らなければ予備役編入になっていた。

開戦という運命が最後の最後に宮崎に道を開いた。

幸不幸は、あざなえる縄の如し。

運が良かったのか悪かったのか。最高にして最悪のガ島戦を期せずして宮崎は指揮に連なり、会戦ではなく、制海、制空権のない補給路の途絶、じり貧で太平洋戦争初の大敗戦が明らかになっている。百武とその幕僚宮崎たちに、後ろ指、陰口が起こり、宮崎は駄目人間として軍歴に傷がつく。真っ直ぐにして、陰日向のない宮崎にこれほど残酷なことはない、残り人生をガ島敗将の一人として生きていかねばならない、アッツ島の山崎保代のように全員特攻で死に花を咲かせたい。身を焦がし眠れぬ夜を宮崎は毎日送っていた。

その宮崎に後輩、井本から南方軍ガ島撤退命令伝達ガ島派遣が内示され、2月2日夜に儀礼上手紙が届いた。

撤退命令は最重要機密、井本は宮崎に不用意なことは書けない。取り留めのない世間話や世相を書き、最後に、豊臣秀吉の姉ヶ崎の戦いの故事を書いて、ガ島敗戦を一心に背負わなければならない宮崎のその先の苦労に思いを馳せ、最後に「臥薪嘗胆」と加えた。

軽巡阿武隈から井本はダイハツでガダルカナルに向かった。

井本を出迎えたのは先輩第17軍参謀長宮崎周一少将。浜辺で井本のダイハツを待っていた。

ダイハツが白波を蹴立てて宮崎に向かってくると、宮崎は居たたまれず海に入り首まで浸り井本を待った。

井本がダイハツから身を乗り出し、「先輩、苦労をかけます」と宮崎に言葉を掛けると、宮崎の身体が海の中に潜り何かを叫んだ。

海面に宮崎の言葉は水泡となって上がって来る。井本は思わず、さらに海に身を乗り出すと、その首に宮崎の手が掛かり、井本を海の中に引きずり込んだ。

ダイハツから、井本の従卒は驚きで見ていたが、宮崎が明らかに井本の首を絞めている、慌てて2人を分けるため、従卒3名が2人を目がけて飛び込み、2人を分けた。

塩水をたらふく飲みこんだ井本が咳き込む中、宮崎は浜の白砂にうずくまり、「熊、言ってくれ、死ねと。17軍に死ねと」

井本に宮崎の慟哭が聞こえ、いかんともし難い無念に井本は憮然として、天を見上げるだけだった。

●ガ島撤退　百武春吉

大本営は、米軍のガダルカナルのテナル飛行場横取りに川口旅団川口清健少将4000名で決着がつくと勝手に判断し、大勝利で意気上がる。米海兵第1師団1万9000人の中に川口旅団4000名を送り込み、川口は、一木と同じ日本古来の夜襲を敢行した。

ジャングルに張り巡らされたマイクロホンと、白夜のような照明弾に照らされた川口旅団は米軍の戦車の壁、鉄板を敷き詰めた土塁陣地の前で、米軍の自動小銃の盾に突撃し、米軍100メートル内に踏み込むことができず死体が折り重なった。

死の夜襲は、数度、日を置いて敢行したが、夜襲は不幸にして、米軍に日本軍に対する自信を植え付けるだけだった。

川口旅団の潰滅は大本営も容易ならざることを知った。

ガダルカナルは、開戦以来初の退却の事態が起きたのである。だが、第17軍百武春吉中将は戦法を変えず、最悪の逐次投入で第2師団に攻略を命じた。さらに第38師団を投入した。

小島ガダルカナル島に日本軍2万8000人、米軍1万9000人の死闘が起こった。

日本軍は制海、制空権を失った。米軍陣地と日本軍陣地の睨み合ってはいたが、日本軍は空から砲撃で撃たれ、補給路も絶たれ、じり貧で死滅を待つ状況に置かれた。

投入兵力3万3600人、戦死8200人、戦病死1万1000人、その理由が食料途絶の栄養不良とマラリアの罹患である。大本営は2月6日、第8方面軍参謀井本熊男中佐派遣撤退を指令した。

百武は井本から黙って命令を受けると天を仰ぎ「戦争は負けたくないものだ」とぽつり呟

いた。

大本営では、第17軍に総攻撃玉砕を声高に求める者が多かった。

百武は甘んじて批判を受け、撤収した兵1万4400人が救われた。

百武にはさらに最後の船で撤退した美談があり、ガダルカナル戦後、直ぐ百武を脳溢血という病魔が襲った。

百武は半身不随となり、何もすることが出来ず、鬱々としてガダルカナルの指揮を悔やみ、戦後、靖国神社に向かい、妻に不自由な下半身を支えてもらいながら、一日も欠かさず御霊を供養した。だが、その供養は長く続かず。戦後混乱の昭和22年3月10日病状悪化で亡くなった。享年58。

●待ち伏せ　トーマス・ランファイヤー

米駐日大使野村吉三郎大将の不手際で、知将山本五十六大将の真珠湾奇襲は戦史に日本軍の騙し討ちと記録されていて、連合国ではゲジゲジ虫以下の卑劣野郎と認識されている。その辺の事情は、日本もアメリカも大衆は知らない。時の米国大統領フランクリン・ルーズベルトは、日本側の不手際を大いに宣伝し、日本当事者でやり玉に上がったのが、東条英機、山本五十六の2人である。アメリカ市民には、2人は卑怯者、極悪非道のならず者の代表でジャップ・悪魔と呪い嫌った。

今や常勝日本軍も、ミッドウェー海戦とガダルカナル島の敗戦で一気に劣勢に回り、山本は、前戦基地将兵の士気昂揚を鼓舞するため、前戦訪問視察を始めた。

すでに、開戦前から日本の暗号は米国に解読されている。山本の前戦慰問は米軍を喜ばせた。好機到来である。ならず者、極悪人の1人、山本五十六がショートランドに来島する。この電文は4月13日発信で訪問視察が4月18日である。アメリカ側に時間があり余るほどあった。

日本が占領に失敗したガダルカナル島が、再度悲劇の舞台に上がってきた。

ジョン・ミッチェル少佐は、マーク・ミッチャー少将から命令を受け小躍りして喜び、34機を選抜すると、偽装の日本軍10機とアメリカ軍24機に分け訓練を重ね、4月18日を待った。

そんな中、山本の一式陸攻は、2機に幕僚が分乗し、ゼロ戦6機の護衛の下、朝9時34分、ブーゲンヴィル島上空に入った。

ジョン・ミッチェル少佐の訓練通りの展開で、日本軍一式陸攻を米軍機は上空待機姿勢で待っていて、双方の発見は同時でも、準備していた方が勝つ。ゼロ戦4機が1番機の一式陸攻を守るため前に出た。

一式陸攻は急降下し、日本軍ブイン基地を目がけて逃げたが、ミッチェル少佐隊は、ゼロ戦を引き受け、一式陸攻1番機・2番機には、狙撃隊8機が4機に分け襲いかかった。

山本機乗の一式陸攻1番機は、トーマス・ランファイヤー大尉隊に銃撃され餌食となった。

1番機は、胴体から炎を巻き上げジャングルに堕ちた。ランファイヤー大尉隊の4機も訓練通りランファイヤー大尉にならい、すべての弾丸を燃え堕ちる1番機に撃ち込んだ。

2番機も、米軍の猛攻に遭い撃墜されたが、堕ちた場所が海上、一式陸攻は燃え上がることなく海上に浮き上がった。

1番機には山本五十六大将、2番機に宇垣纏中将が乗っていて生死の明暗を分けた。

日本軍、ブーゲンヴィル島守備隊の遺体捜索班は、山本五十六長官が、墜落の衝撃から身を守るため座席で、軍刀で床を押さえ、目は大きく見開き、口は真一文字に結び、左頬に流れた血は乾き、目、鼻、口先に蛆虫が湧き、うごめいているのを認めた。

捜索隊長濵砂少尉は、不敬と思い捜査報告書に、その遺体は金剛仏の如く尊しと記した。享年59。

●タラワ戦　柴崎恵次

日本軍の絶対国防権にあるマキン・タラワのギルバート・マーシャル諸島攻略に米軍は取りかかった。

米軍に日本軍は撤退したとの噂が流れている。楽観論は初戦、アリューシャン列島キスカ島とソロモン諸島ガダルカナル島の戦いにあって、日本軍は本格攻略になると損失を避け、逃げる。米軍はキスカ、ガダルカナルに莫大な戦費をかけ、いざ、上陸すると犬の子1匹いない。日本軍とはどうやらそういうものらしいという風評を、ガダルカナルの大戦果で米兵たちに来《きた》るべき血染めの戦いが待っていることを忘れさせていた。

だが、タラワには、日本軍の大型飛行場があり、知将柴崎恵次少将麾下海軍第3根拠地隊4800人が猛特訓をして待機していた。

米軍は、タラワ島、守備日本軍を3000人規模と判断し、第2海兵師団ジュリアン・スミス少将に4倍の1万2000人を与えた。

米軍側の想定損失は、30パーセント3600人である。スミスには、さらに損失目標を15パーセントの1800名とした。支援艦隊は、ギルバート諸島を埋め尽くし、11月4日から始まった艦砲爆撃と空からの空爆は300万トンに達し、表面上、建物らしいものはすべて破壊された。

11月21日未明、1万2000人は淡々と上陸舟艇に乗り込み、タラワ島に向かうが、さすがに1万2000人の大軍勢ではタラワ上陸に21日正午までかかった。

物量豊富な米軍でも一挙にはいかず、反復しながらである。第1陣は300舟艇6000人がタラワの環礁に着き、水陸両用艇に乗り換え始めた時、タラワの上空に信号弾が上がった。

明けた日差しが海面を舐めるように陸に向かっていく。その空に信号弾は、まだ薄明りのタラワ島上空で灰色の煙幕が流れ、その上に赤の信号弾が開き「パン、パン、パン」と沖の輸送船まで届くような破裂音が響いた。

それが合図で100に上る上陸舟艇に、タラワの陸から雨のような砲撃が起こった。

明らかに照準が定まっていて80以上の舟艇が瞬時に破壊され、1000名が一瞬にして消えた。驚いた米軍は、タラワの陸に狙いを定め、戦艦、重巡、駆逐艦が砲撃先を特定し、応戦に入った。その1弾が柴崎恵次少将指揮所を一直線に捕らえ、指揮所2階部分を一瞬にして粉砕した。

柴崎は不幸にして、指揮所で指揮を執っていて、柴崎とその幕僚は、粉々に吹き飛んだ。この一発がタラワ戦の日本守備隊の組織を一瞬にして喪失させた。

だが知将、柴崎は4月着任以来、猛訓練を重ね、タラワ守備隊は指揮官を欠いても終わるほど軟《やわ》な体制ではなかった。

米軍は、タラワ戦の日本軍玉砕まで、柴崎の戦死で組織が喪失していることが分からないほど第2海兵師団を苦しめ、柴崎は訓練にも防備にも卓越し、米軍の消耗は1500人である。

歴史のイフ（もしも）である。柴崎が最後まで指揮を執っていれば、太平洋戦日本軍名将の十指に数えられたことは疑う余地もない。

第三部

愚劣、無謀な作戦

インパール作戦「白骨街道」1943年12月17日

●インパール戦　根回し　寺内寿一

誰もが反対し、牟田口廉也本人でさえ反対したインパール戦。インドからの中国大陸補給路遮断は、一軍の将なら誰もが夢見る、甘い蜜がある。インパール戦には越えることの出来ない壁が、インドの要衝コヒマ・インパールの人を寄せ付けない道路事情にある。誰もが考えては立ち止まり夢から醒める。牟田口廉也中将は、第18師団長時代、上官飯田祥二郎中将がインパール戦を口にした時、身体を張って反対し、飯田は麾下師団牟田口と第33師団桜井省三中将の反対では、それ以上の無理強いを思い止めている。牟田口は、飯田の後を引き継ぎ、第15軍司令官を拝命すると手の平を返すようにインパール戦が最大の目標となり反対者を説き伏せ始めた。

インパール戦は、大本営認可事項である。インパール作戦大本営作戦議案は1月22日に出された。

議長は、真田穣一郎大佐である。中央正面に杉山元元帥が座り、右側に真田がいて、議題の審議に入った。

当然である。参会者の反対意見が終始一貫していて異論はなく、起草者牟田口の陰口と飯田の時の話題で盛り上がり、それ以上でもそれ以下でもなかった。

議論は出尽くした。参加者の誰もが言い放題で、難しい議論もなく、まるで懇親会のような会議であった。

後は「よかろう」と、中央の杉山の言葉が出るのを待つだけだった。

誰もがそろそろかなと頃合いを計り始めた時、「真田君、お茶でも飲むか」と杉山が休憩を真田に促し、身体を上げた。参加者も慣れたもので、真田の「休憩」の言葉を待たず、三々五々と席を立っていく。杉山は「真田君、部屋に」と真田に杉山の同行を命じ先に席を立った。

総参謀長室に入ると、杉山は入口の一人がけの椅子に座り、真田を上席のロングソファーに座らせた。

コーヒーの出るのを待つ間、議論を総括するような雑談だけで、何ら2人だけのトップ会談の様相は見られず、真田は、その先の議案を頭で擦り合わせをする余裕さえあった。

コーヒーを口にし、日頃の負け戦の心痛が和らいでくる。今日は、そんなご褒美の日か、日頃の激務の慰労に部下と飲むか、杉山も誘うかと声を出しそうになった時、杉山は真田にとろけるような笑顔を作り、視線をくれると、「第15軍の言い分を聞いてくれるか」の言葉に、真田は頭が割れるように感じた。

真田はあまりにも唐突な言葉に、手にしていたコーヒー茶碗を落とし、膝に掛かったその熱さと言葉に驚き立ち上がって苦痛に耐えた。

「ガハァハァー」と杉山はどこ吹く風で真田の失態に大笑し、「寺内さんの頼みだ。10万人の兵の遠足だな」と続けた。

寺内と杉山、牟田口ら誰もが心配していた、日本軍9万人が犠牲になった太平洋戦争最大の人災作戦が決定した。

●インパール戦　告げ口　小畑信良

ビルマ方面軍第15軍参謀長小畑信良少将は、司令官牟田口からコヒマ・インパール攻略の研究を命令され、その戦いの不毛さに溜息を洩らし、眠れぬ夜を幾度となく過ごした。

小畑は宮仕えの身で上の命令に背くことは大罪である。軍で働こうとした時から重々教えられたことだが、上官の牟田口が望む以上、受け入れ耐えなければならない。だが、あまりにもインパール戦は無謀である。1年前の飯田祥二郎中将構想のインパール戦より、さらに日米の戦況が悪化し、今や日本軍は分水嶺からの下り坂。ビルマ方面軍にもそのしわ寄せがきて、兵站も制空権も櫛の歯が欠けたようにじり貧になっていた。

インパール戦は、どのように考えても勝算はなく泥沼に落ちるだけである。その最大の理由がインパール地方の気候風土にある。インパールは、雨期が到来すると周りに大海をつくり、僅かに歩ける地帯は、泥と蚊の大群が兵を襲う。乾期は1月〜3月。最長120キロの山岳道が折り重なるように走っている。中国・イギリス・オランダ兵とのゲリラ戦となる。インドアッサムを攻略出来るとは、小畑にはどう算段しても答えが出ない。寝られぬ疲れた小畑の頭が、朝方に解決策の夢を見た。

ぐっしょり汗ばんだ体は、夢ではじき起こされると、「何だ。こんな手があったのか」と小畑は両手を何度となく叩いた。小畑は、そのまま、まんじりともせず、明け方を待って第18師団長田中新一中将を訪ねた。

小畑は、田中にインパール戦の無謀さと勝算のないことを説き、「将軍の口から牟田口閣下に中止をお願いしたい」と田中の机に頭をこすりつけて懇願した。

田中は、小畑の頼みに憮然として天井を見て即答を避け、押し黙る。小畑の懇願に返答を避け続け、時は過ぎてゆく。2時間ほど経て小畑に根負けした田中は組んだ両腕を解くと、重い口を開いた。「参謀長、分かった」

その声を聴くと小畑は顔を上げ、紅顔の少年のようなほほ笑みを田中に返した。小畑と田中は牟田口の部屋に入り、まず小畑が「師団長閣下から、コヒマ・インパール攻略の意見具申があります」と伝え、牟田口は、怪訝な顔で田中を見つめ、接客用の椅子をすすめた。

インパール戦中止の話は、牟田口に怒気を与え、コミカミに青筋が走る。

「そんなこと言われなくても分かっている、山本五十六の真珠湾に、賛成した者など誰もいない。不可能を可能にするから大勝利があるのだ」

怒気荒く罵り、田中の声を押さえようとしたが、田中も総理大臣東条英機を怒鳴った男である。上目使いに牟田口を睨み上げると、牟田口は二の句が出ないほど背筋に悪寒が走り、田中の口を押えることが出来ない。田中はインパール戦が万が一にも勝利のないことを言い終えると、「参謀長小畑少将からの意見であり、私が口を挟むのは統制上宜しくない」と付け加えた。

牟田口廉也は小畑信良を解任し、参謀長を腰ギンチャク久野村桃代少将に代えた。

第18師団長田中新一は、ほどなくして大本営に戻った。

●インパール戦　命令　牟田口廉也

第15軍麾下第33師団柳田元三中将、第31師団佐藤幸徳中将、第15師団山内正文中将の3名は、4月7日、第15軍司令官牟田口廉也中将に軍団長会議に召集された。

3名とその幕僚たちは、この会議で牟田口から出される激烈な指示命令をどのようにして回避出来るかと、気の重い1日に宮仕えの辛さに心を痛めていた。

牟田口は、誰か1人に狙いを定め徹底的に痛めつけ、他の見せしめにする陰険さがある。今日は佐藤か、柳田か、はたまた自分かと、山内は30分前から、まんじりともせず着席している。ただ師団長席に空席がひとつあって、列席者たちは、その席を眺め「柳田の野郎、ごますりか」と疑心暗鬼でいらぬ空想にふけっている。会議開始5分前、牟田口は柳田と幕僚を従え足音高く入って来た。

全員は起立し、一行を迎え、佐藤と山内は憎悪の目で柳田を睨みつけたのは一瞬のことで、牟田口が正面中央に立つと第15軍幕僚全員が牟田口を注視した。

牟田口は、左から時計回りで出席者を確認し両手を下に下げた。

牟田口は穏やかで、いつもとは異なる雰囲気が漂っている。

「閣下から、本日の会議の概要が最初にあります」

参謀長久野村桃代少将が開始を宣言した。

牟田口の、前かがみの姿勢が、背もたれを押すようにふんぞり返って一同を睨み回し、深呼吸し声を押さえ驚きの言葉を発した。

「日頃、苦労をかける。戦局は充分と言えない。この事態において本軍はただまんじりとして何ひとつ攻勢に出たことがない。それで本職は、インパールコヒマ攻略をもって英印軍を降伏させる。あと一息だ。異論、議論、何でも結構だ。忌憚のない意見をお願いしたい」

居並ぶ者すべてがその命令内容に目を剥いた。

今でさえ、余裕があるとは考えられない。口に出した牟田口本人さえ、インパールコヒマ攻略は反対した作戦である。今、その無謀な命令が牟田口の口から漏れるとは師団長たちは、誰かが反対の声を上げるのを待ち、期待した。

だが、誰も固唾をのみ、喉元で反対論を押さえ込み、声に出す者はいなかった。

●インパール戦　ふてくされ　柳田元三

第33師団柳田元三中将は、日本軍のエリートであり、その頭脳がインパール戦を不幸にした。優秀であるがゆえに確実なことしか行なわない。第33師団はインパール戦の主役である、第31師団、第15師団は第15軍の指示命令どおり、インパールコヒマ攻略に向かって進軍した。思わぬことに、第33師団はトンザン高地でイギリス軍が待ち受けている死地の中に入り、イギリス軍の猛攻に笹原連隊2000名に壊滅の恐れが起きると、連隊長笹原政彦大佐は柳田に決別電を発した。

「我、トンザン高地で敵の包囲網にあり、軍旗を焼いて皇国の人柱とならん」

柳田は驚き、第15軍に至急電と兵站補給要請を行なった。

柳田は兵站、特に食料補給を第15軍に懇願するように毎日要請するが、第15軍の幕僚は木で鼻を括ったような返事と、その不履行によって柳田はストレスと怒りで下痢を起こし、体重を5キロ落した。

柳田は決断した。第15軍司令官牟田口が麾下軍団に兵站補給が履行されない限り、第15軍の命令で動くのではなく、自分の考えられる最良策を採るしかない。第33師団は進軍の速度を落とし陣地網を小さくした。

牟田口は、柳田のこの態度に怒り、第33師団本部へ乗り込んだ。

牟田口の卑劣さは、柳田の動きを盗み、留守を確認すると、第33師団に押しかけ、幕僚陣を叱責罵倒したことである。その熾烈な言葉は、幕僚に一言の弁明もさせぬまま、叱りつけ、聞こえよがしに幕僚テント外に漏れた。

「腰抜け、それでも死を恐れぬ皇軍か！　給料ドロボー　頭《あたま》がダメだから部下もダメなんだ。柳田はどこにいるんだ！」

高級将校たちは、新兵が古参兵にビンタを張られるように言われ続けた。

柳田は不幸にして牟田口の叱責の最中、師団に戻ってしまい、テントの外で拳を握り堪忍袋を抑え、いたたまれず、その場を離れた。

この経緯が取り返し、後戻りの出来ない第15軍と現場師団との間に大きな溝をつくり、インパール戦は太平洋戦争最大の悲劇に向かい、その後の柳田は、明らかにサボタージュそのものでますます進軍速度を落とした。

●インパール戦　抗命　佐藤幸徳

第31師団長佐藤幸徳中将は怒りと興奮で顔を染め、1万３０００人の兵の前に立って歩く。佐藤の脳裏に、牟田口への怒りとその後の自分の処遇、千年先まで残る汚名が交錯し、ジャンケン勝負の勝ち負けが終わらない。佐藤の妄想は、強気でいけば牟田口を殴り殺すまで暴れること。その方法はひれ伏した牟田口を踏みつけ、蹴り上げることであった。

弱気は、軍法会議に掛けられ、その罪状認否、牟田口の罵詈雑言が見苦しく、軍の経歴書にインパール戦すべての敗報が佐藤に押し付けられる無念さである。悔しさは、牟田口は大将から元帥まで上り詰め、牟田口の家族は、栄爵《えいしゃく》で華族に列せられる。無念なのは佐藤の妻、その子で、インパール戦敵前逃亡の断罪に石もて追われ、庶民は事情を分からず、非難中傷を浴びせられ、妻や子供たちは佐藤の家族であった不運を恨むだろう。そして、妄想は、確実に起こる。佐藤が白木の2尺5寸の角柱に括りつけられ、虫けらのような兵隊の銃口で撃たれ首を落とし、口から血を垂らし、失禁している佐藤の姿になる。佐藤は、そのたびに「男の本懐だ。俺は1万人の命を救った」と言い聞かせるが、心の未練がまた振り出しに戻り、その気概が老境に入った将軍に120キロの道を歩かせた。

佐藤は、武士の一分、刀の下げ尾（退却への決断）を切った時、幕僚は退却に躊躇し軍の体制をなさなかった。

佐藤の興奮は最高潮であり、軍刀を振り上げると副官を軍刀の鞘で叩き、副官は鼻が曲がり血塗られた顔は阿修羅に変わった。

佐藤の傍にいた幕僚の十数人が軍刀で叩かれ、ある者は歯が欠け、ある者は口びるを痛めた。佐藤の乱暴は、その1度だけで、幕僚が痛みで転げまわる中、「総退却、重要火器はすべて破却、携行するもの、我が身を守るもの以外捨てろ」と将軍として最良策を命令した。

第31師団の指揮は回復し、佐藤のその命令に兵は感涙し、佐藤を仏の化身であるかのように仰ぎ、手を合わせた。歩兵の銃は銃剣を取り外すと杖になり、傷病兵は竹と軍服で縫った担架に乗せたり、背負わせたりして、退却の行軍が整然と始まった。

佐藤は時折、我に返ると、一言も発せず、後ろを振り返り、退却状況を見ながら軍法会議銃殺刑に向かって歩いた。

兵を労《いたわ》り、後ろを見ては涙し、なぜ、せめて1か月前、いいえ、1月の軍団長会議ではっきり、インパール戦コヒマの無謀を言わなかったか心の弱さを嘆き悔いた。

その佐藤を迎えたのは、ビルマ方面軍司令官河辺正三中将と第15軍司令官牟田口廉也中将で、牟田口は怒りで顔を真っ赤にし、今にも佐藤を殺しかねない形相で睨みつけている。牟田口の前に河辺がいて、牟田口の周りを第15軍幕僚が取り囲んでいた。

河辺は佐藤を見ると涙を流し走りより、佐藤の体を抱き寄せ、河辺は佐藤を「急性心労疲労の意識耗弱」と軍医に診断させ予備役（退職）に落とした。

●インパール戦　与三郎節　柴田夘一

牟田口は、それ以降、師団長と口を交わすことなく二重統制を敷いた。

師団長に指示を出さず、師団参謀を呼び作戦会議を行ない、作戦命令を師団参謀長に命じた。

だが、師団の最終責任者は師団長たちである、第15師団山内正文、第31師団河田槌太郎、第33師団柳田元三は結束を強め、統制違反にならない程度の軍事行動を執るようになる。怒った牟田口は、麾下師団幕僚を次々と変えた。そして、太平洋戦争初の15師団山内、33師団柳田の解任が起こった。

第15師団の後任が柴田夘一中将、第33師団が田中信男中将である。柴田も田中も牟田口の子飼いでイエスマンである。師団長拝命を2人は待ちに待った。

師団長職は自らの能力で目標を達成することが出来る。2人は軍人の道を歩み始めた12歳の幼少時から40年以上待ちに待った師団長職である。さらに上官牟田口のたっての引きは2人の気を良くさせた。

2人は親任式を終え、築地の割烹に向かった。

「田中さん、運が回ってきましたなあ」と柴田は酒の勢いで本音を出した。

「柴田さん、インパールには何かと噂がありますが」と田中は、師団長親任は嬉しいが一抹の不安を口に出した。

「何を弱気なことを。久野村さんから戦況は万全、あと一息で終わる、欲しいのは牟田口さんのような勇将で兵の先頭を走って欲しい、前任の2人は、何かと慎重で兵を殺すことをためらい好機を逃している、欲しいのは猪突猛進出来る猛々しい心だと。そんな気持ちでは柳田さんの二の舞ですよ」

柴田は強気である。その強気に田中は心が安らぎ、田中も遥か数千キロ先のビルマ戦場で勝ちを収め、柳田の二の舞にならぬよう心を引き締めなければならない。「柴田さん、何かと協力をお願いしますよ」と、また弱気な心が口に出た。

「だから、気が弱いんだ。こんなところで先を心配しても仕方がないだろう、景気づけに何かやれ」

柴田の檄が飛ぶと、田中もつられ「よーし、やるぞ」と軍服を脱ぎ、上座に座り両手を叩き、「与三郎えー　嫌な上司に怒鳴られてえー」と朗々とした美声は悲しく、柴田の琴線を揺さぶり柴田も田中に和した。

「一つとせえー　嫌な上司に泣かされてー」

2人の与三郎節は、いつの間にか立ち上がり肩組み、体を振り歌い続けた。

そして「一つとせえー　嫌な牟田口に使われてー」。どちらからか、涙ながらの本音が出た。

2人にインパール戦の過酷さと全師団長解任がこれから出向くビルマの戦場を、何となくガダルカナル島の敗戦の将、丸山政男と佐野忠義に自らをだぶらせた。

「悪い悪い、酒が悪さをした。お詫びに余興を一つ」

柴田は照れ隠しで褌ひとつになると、床柱の前で両手を畳につき逆立ちをした。その下半身が上に向い腰から赤い褌が垂れた。

●インパール戦　決断　久野村桃代

ビルマ方面軍が未曾有の危機に立たされたのは6月19日のことである。司令官河辺正三中将に第15軍参謀長久野村桃代少将から連絡が入った。

「本日未明、麾下第31師団がコヒマを放棄し、態勢を整えるため行軍開始しました」

久野村の言葉を河辺は直ぐに理解が出来ず、頭に浮かんだ疑問を久野村に返した。

「おいおい、コヒマを放棄すると第33師団、15師団における影響はどうなるんだ」

その問いに久野村は押し黙り言葉を返せない。受話機を握り絞め久野村は必死に返す言葉を探した。

すでに第31師団の退却で第33師団も第15師団も撤退が始まっている。ビルマ方面軍に報告なしの撤退が、長い沈黙にしびれを切らし、河辺はさらに続けた。

「第31師団がコヒマを放棄した理由は何なんだ」

久野村の額から脂汗が滲みだし、傍に第15軍司令官牟田口廉也中将が軍刀を握りしめ久野村を睨みつけていている。久野村は「ひぇー」と声にならない泣き声とも思える悲鳴を洩らした。河辺はその悲鳴に「分からんのだよ、言ってることが」

今までの穏やかさから一転して怒声に変わった。その声は傍にいる牟田口にもはっきり聞こえ「ちぇっ」と牟田口は舌打ちすると、久野村から受話器をもぎ取り、軽蔑した目で久野村を睨み、口元に愛想笑いを浮かべ「閣下、佐藤は本官に反抗しました。従って第31師団は壊乱状態です。33師と15師には督戦を命令しました。すべては佐藤の独断、戻れば抗命罪。この軍刀で切る所存であります」

河辺は、その報告に驚き「待て、直ぐ行く。待て、それからだ」と言葉を繰り返した。

河辺は、牟田口のインパール作戦を盲信していた。部下幕僚、参謀から時折り上がる、牟田口とその所属師団長との軋轢、何かと牟田口の独断専横を聞き逃した自らの不明を悔やんだ。

第15軍に駆けつけるサイドカー上で、河辺はその善後策に牟田口から詫びの入ることを願った。

牟田口は、河辺を待つ間、部下幕僚の誰彼なく怒鳴り散らし、部屋中を歩き回った。久野村は、自らに迸《とばっち》りを受けないよう、牟田口が止まれば止まり、右を向けば右、左を向けば左、後ろを向けば後ろを向き、その後をただ付いて歩いた。

程なくして、河辺が現れると牟田口は静止して、河辺の口を開くのを待った。自然と河辺と牟田口は多少の距離をおいて見詰め合う状況になった。牟田口の後ろの久野村は用をなさず、第15軍参謀が現状を伝える状況が起こった。

河辺は静かにその説明に頷き、二、三の簡単な質問をすると牟田口の弁明を待った。だが、牟田口は一言も話さず、押し黙って河辺の言葉を待っている。牟田口のそのやつれ切った憔悴した顔に、河辺は「ご苦労」と労《いたわ》り、自ら責任を取る腹を決め踵を返した。

●インパール戦　優柔不断　河辺正三

ビルマ方面軍司令官河辺正三中将は、南方総軍寺内寿一元帥にインパール作戦中止の上申書を参謀棚山少佐に託すと、接客セットに座りがっくり肩を落とした。

自分の将来が閉じられたこと。河辺の輝かしい軍歴が一瞬にしてどん底に叩き落とされたこと。今後、どのような処遇が待っているか、上申書立案までは気が張っていたので将来を思う余裕がなかったが、今すべてが終わり、処分を待つ身になれば、その無念が部下に牟田口に巡りあった不幸に必然的に行き着く。そうだ、すべて他人任せのお仕着せロボットが自分をこの立場、境遇に落とした。

牟田口を全面的に信じ、牟田口の強気が日本軍を開戦時のマレー進軍と同じ大勝利で日本を劣勢から勝ちに向かう、そう思い、寺内から東条から、インパールは大丈夫かの声に「大丈夫です、任せて下さい」と常に胸を叩き続けた。

何の裏づけもない自信は、ただ、牟田口の一方的な自信と言葉に騙された自分の甘さにある。「そうだ。すべて人任せだ。俺は自分で考えたことがない」と行き着くところに落ち着くと、さらに体の力が抜けた。

「軍司令官、棚山が戻りました」。副官の言葉に河辺は我に戻り、

「棚山か、何かあったか」

「天候が悪く、ラングーンを飛び立つことが出来ず、戻られた」と復命した。

その言葉に、河辺は力が戻り「そうか、連絡をするまで待機」と棚山に伝えると、河辺は

インパール戦中止上申書を止め、河辺には、何か妙案で打開したい未練が起こった。

再度、インパール戦の打開策を全員の力で考えたい、インパール戦を止めるのはいつでもできる、中止してしまえば2度と戻れない。河辺の1日送りは兵100人を殺し、2日目には200人を殺した。

河辺が決断したのは6日目だった。その犠牲は3200人に上った。だが未練や躊躇したのは河辺だけでなく、現場指揮官、第15師団柴田夘一中将、第33師団田中信男中将、第31師団河田槌太郎中将も1日遅れ、2日遅れで、インパールコヒマ攻略軍9万5000人の戦闘員は、イギリスや中国との戦闘ではなく、第15軍司令官牟田口の無謀な命令と兵站の途絶で飢え、餓死していった。体を張って、抗命（上部機関への抵抗）した第31師団佐藤幸徳中将の独断退却さえ帰還できた兵は5500人である。

第15師団柴田夘一中将3000人、第33師団田中信男中将3300人はガダルカナル戦の損失4倍を超える。太平洋戦争最大の戦死率は一人の男の野望と、それを容認した上部高官河辺の無責任から起こったが、河辺と牟田口の責任は予備役編入であり、河辺は享年80、牟田口は享年77と長生きである。

●サイパン島　高木武雄

太平洋戦争の分水嶺となったサイパン島に4人の中将がいて、配下3万の軍と民間人2万は中将たちの根拠のない自信により、死の島サイパン島になるなど4人の中将の誰ひとりとして考える者はなかった。

その無責任な自信は、戦争指導者陸軍参謀総長、時の総理大臣東条英機も天皇の御下問に自信を持って「サイパンは、日本国固有の領土、盗りに行っての急ごしらえの陣地ではない、サイパンには日本が誇る名将が2人いる、陸の小畑、海の南雲、知恵をもって米兵など10万が押し寄せても鎧袖一触にできます。陛下におかれましては心安らかに」

胸を張って答えている。その知恵袋、第31軍総司令官小畑英良中将は、米軍が迫る中、なぜか、グアムに出張に出た。

その留守に、米軍ホーランド・M・スミス中将以下、6万7800人が来襲したのは6月15日の未明である。日本軍の指揮は、3人目の中将、斎藤義次第43師団長の肩に重くのしかかった。

斎藤は、島の地形から、内陸戦の米軍消耗戦が最適と考えたが、斎藤は千葉館山から一週間前に着任したばかり、留守の第31軍参謀長井桁敬治少将のあやつりになるのは自然のなりゆきだった。

小畑と井桁は、水際撃滅、米軍にサイパンの地を一歩も踏ませないと豪語したが、今やサイパンは、制海・制空権を失い、セメントが届かない、陣地は土塁と手掘りの蛸壺陣地、空から海からの砲撃に軍隊的組織は失っていた。

3人の中将が戦いにおいても、陸と海の縄張りがさらに日本軍という一体性を欠いた。6月15日、米軍サイパン上陸部隊第1波はチャラン・カノア海岸に集結した。この攻防の1時間で米兵1000名に死傷が出た。

しかし、米兵は挙げた拳を下ろすことが出来ず、戦闘10時間、タポチョウ山に日が沈む頃、チャラン・カノア海岸に、幅6・4キロの戦車の壁と、砲列米兵2万人の橋頭堡が出来た。日本軍の自信とは、何だったのだろうか、不落の島、サイパンは、総司令官不在の中で米軍の日本軍殲滅戦に変わった。

夜になると相変らず、日本古来伝統の夜襲は期せずして日本軍の消耗戦でしかなかった。戦闘20日、7月6日に斎藤義次が腹を切り、副官が斎藤のコメカミを拳銃で射殺し、自らも自決した。

続いて、南雲忠一は、重要書類を燃やし、炎を見つめ、死に逡巡し立っては座り、座っては立ちを繰り返したが、拳銃をコメカミに当て自決した。

4人目の中将、海の高木武雄、第6艦隊司令官で、死の万歳攻撃に出ると、将官の認識票を剥ぎ取り、その武器は拳銃1丁で米軍砲列に進んだ。

その足取りは、奇声を上げることなく、静かに淡々と万歳攻撃の群衆4000人中に紛れ込み日本軍一兵卒として倒れ、高木武雄の遺体確認は不明である。

●戦艦武蔵　猪口敏平

太平洋戦争、日本軍の天王山と言われたレイテ沖決戦、栗田健男中将に求められたレイテ湾米軍輸送船の撃滅は、レイテ湾突入作戦では避けて通れない、パラワン水道という鬼門がある。栗田艦隊上層部は、苦衷の末、戦艦武蔵を囮船にして、活路を切り開く決定を下し、ブルネイ港で武蔵を偽装した。このため、武蔵の乗組員に不安が広がった。

武蔵は日本帝国が建造した最後の戦艦、兄弟艦大和の欠点を補強した、帝国海軍最強最新鋭の戦艦で当時世界一の戦艦であった。

武蔵の上層部は、乗組員の不安感を取り除くため、そのことを説明し「レイテ決戦、背水の陣の覚悟である。猪口艦長の決意だ」と、乗組員の士気の高揚に躍起になった。

だが、戦場に臨めば、どのようなことだろうと死力を尽くすのは日本軍人精神である。日本艦隊出現に米軍の2重3重の防護は、栗田艦隊をレイテ湾に入れないため、パラワン水道で潜水艦攻撃から始まった。

米軍は、栗田艦隊を捕捉すると機動部隊から全機を上げて日本艦隊に襲い掛かり、その攻撃は第6次まで執拗に続けた。標的は死に装束武蔵である。

第1次17機、被弾1、被雷1、右舷浸水5度の傾斜、1度の排水で回復、第2次16機、被弾2、被雷3、左舷5度傾斜、排水で1度まで回復、第3次13機、被雷1、第4次、20機、被弾4、被雷4、艦首3メートル沈下、第5次襲来なし、第6次22機、被弾10、被雷11、大火災発生、艦首さらに1メートル沈下で艦橋は波に洗われる状況になった。

艦長猪口敏平少将は、艦橋に上級幹部を集め、「30分後、2時40分、総員退艦」の命令を下し、副長、加藤大佐に遺書と形見の万年筆を渡した。

加藤は「艦長、お供させて下さい」。悲痛な声を出すと幹部全員が「私もお供をします」の大合唱が起こった。「戦《いくさ》は、まだ終わってないんだぞ、生きて陛下のため働くのだ」。この陛下のひと言に、一同は身を正して押し黙った。沈黙の中、猪口は「早くしろ、時間がないんだ」。語気を強め命令した。

一同はその声にはじけるように飛び出し、退艦命令を告げて走り回った。

最後は、副長加藤になった。「終わりました。総員退艦20時50分」。猪口に挙手をし、退艦時間を告げた。

猪口の退艦命令時間を10分間オーバーしている。猪口は腕時計を見て、外すと「ごくろう、形見だ」。加藤に渡し、第2艦橋から海図室に降りた。

加藤のボートが武蔵を離れ、5分ぐらいの後、加藤は何気なく後ろを振り返り武蔵を見た。加藤の目に艦橋に立つ猪口が写り、加藤は驚き、ボートから立ち上がると猪口に敬礼を返した。加藤に倣いボート全員が猪口に敬礼をした。

それに猪口は、敬礼を返さず、初老に差しかかった男は弱々しく手を振った。享年48。

●レイテ湾　栗田健男

陸海空三位一体で、ダグラス・マッカーサー20万将兵を海の屍にする。フィリピン・レイテ湾に集結する。米軍輸送船団を山下奉文大将が水際陣地で待ち伏せ、空から神風特攻、後方から栗田健男連合艦隊が輸送船団を踏みつぶす、大本営と軍令部は米軍の謀略・台湾航空戦で苦杯を飲み、敗色の濃い日本は乾坤一擲の大勝負に挑んだ。

南方総軍総司令官、寺内寿一元帥はルソン構築陣地を捨て、戦場をレイテ湾に変えた.

8月10日に、連合艦隊、神重徳大佐が栗田健男中将の第2艦隊に作戦の説明に入った。小沢治三郎中将が米機動部隊の囮になり、米機動部隊をフィリピン北方に吊り上げ、隙を縫って栗田健男中将がレイテ湾に入り、敵船団を撃滅する。

「難航である。宜しく協力をお願いする」。神大佐が頭を下げると、艦隊参謀長小柳富次少将は「レイテ湾の前に優勢なる敵と遭遇した場合、我が艦隊は輸送船隊攻撃を捨て、敵主力を撃滅する、宜しいか」と念を押すと神は「結構です」と間を置かず言葉を返した。

小柳は同意を得た。さらに「貴公だけではなく、軍令部、連合艦隊司令長官の返事で間違いないか」。念を押した。「持ち帰り、長官の確約を取ります」と返事し、神は持ち帰ったが、軍令部の返事がないまま、10月19日未明、連合艦隊司令長官豊田副武大将は（1、第一遊撃隊・栗田健男中将）25日タクロバン方面突入、敵輸送船団撃滅、（2、機動部隊・小沢治三郎中将）、ルソン海峡方面で適宜行動及び敵艦隊を北方面に牽制、（3、南西方面艦隊・大西瀧治郎中将）

敵艦体当たり攻撃撃滅、（4、第2遊撃隊・西村祥治中将、第5艦隊・志摩清英中将）の援護をもって、レイテ湾突入、敵輸送船団撃滅を内容とする「レイテ戦」を下令、10月24日、作戦は開始された。

小沢艦隊は見事に米機動部隊をフィリピン北方に吊り出し、志摩艦隊は支援艦隊、西村艦隊と満身創痍で先導を行ない華々しく散った。

当の栗田艦隊は、シブヤン海で旗艦武蔵を失うと、軍令部に栗田は緊急電「無理に突入は餌食になり、期待得難し」を打電、レイテ沖（約44・4キロ）で反転する。神との約束、優勢な敵との交戦で旗艦を失った。栗田艦隊はやるだけはやった。胸を張り、自己満足で引き返そうとしたが、途中でまた、レイテ戦突入戦に戻る。10月25日朝6時44分、敵艦を発見。追跡戦を2時間にわたり行なう。栗田は疲労困憊《こんぱい》であった。

軍令部は味方陣地背景から、7時40分、関行雄大尉の敷島隊カミカゼ攻撃を開始する。来るのか来ないのか、レイテ湾でダグラス・マッカーサー20万と輸送船団420隻、戦闘艦艇157隻、特務艦157隻が、今や日本艦隊に砲撃されるだけでなく日本艦隊の体当たりで撃滅される。米軍は、恐怖に悪夢を見る思いである。空から戦闘機が体当たり、その海から、栗田艦隊が怒涛の勢いで押し寄せるはずだった。

だが、栗田艦隊は、昼1時13分レイテ湾沖（約80キロ）で再反転した。

栗田健男は88歳の天寿を全うしたが、謎の反転について永久に口を閉ざし終焉した。

●陸軍特攻　万朶隊《ばんだ》

陸軍第4航空軍司令官冨永恭次中将は、海軍大西瀧治郎少将の特別攻撃隊の出撃を聞き、慌てて陸軍特別攻撃隊万朶隊を編成、4日後に出撃態勢をとった。

滑走路わきの白いテントの前の折りたたみ机に清酒が2本立ててある。

居並ぶ万朶隊員に「諸君は既に神である、一撃一艦、私は必ず行く、後のことは心配するな、私は必ず行く」と訓示し、副官が隊員に渡した湯呑茶碗に右から順に酒を次ぎ、中央に戻り副官から湯呑茶碗を受け取り「行け！　若者」と大きく叫び、一気に清酒を飲み干すと湯呑茶碗を地面に叩きつけ、軍刀を鞘から抜くと滑走路に走り出て特攻機に軍刀を振っては、1機ずつ送り出す。冨永は、酒と軍刀を振り続け酔いが回った。

テントに下がると、直ぐ湯呑を取り茶碗酒を煽る。気分が高まり、幕僚のお追従もあり酒も進んだ。

南国の昼酒、昂揚感が冨永の気持ちを満たした。4日も出遅れたが海軍のゼロ戦250キロ爆弾、こちらは一式陸攻800キロ爆弾2本、間もなく大戦果の報が届く、この一撃をもって米国は尻尾を巻きフィリピンから去り、日本の太平洋からいなくなる。自分は英雄だ。

日本帝国を救った名指揮官として、後世に山本五十六か冨永恭次かと評価される。大西に先を越されたがゼロ戦200や300機を繰り出しても艦船の小、大破だ。こちらの一式陸攻が当たれば撃沈だ。痛快であった。

独りよがりの妄想ほど楽しいものはない。出撃から1時間ぐらいたった時、冨永の耳に「ゴオー」と大爆音が入り、一式陸攻が戻ってきた。

機体から黒煙が吹き出している。「なんだ」と冨永は大声を挙げ、一式陸攻に向かって駆け寄った。

一式陸攻が止まり、機体から少年飛行兵が駆け寄ってきて、冨永を敬礼で待っている。「軍司令官閣下無念です」。飛行兵の言葉は最後まで続かなかった。

冨永は走り寄ると左手が飛行兵の胸を掴み、右の拳骨が飛行兵の顔面に飛んだ。問答無用だ。飛行兵が立ち上がり、敬礼すると、さらに冨永の拳骨が飛んだ。飛行兵は堪らず地面に体を折り曲げた。

冨永は、なおも怒りが納まらず、「貴様、、俺をコケにしやがってどの面下げてんだ。こっちへこい」と飛行服を掴み、飛行場格納庫の偵察機の前まで連れて行くと特攻出撃を命じた。

冨永はレイテ戦において、出撃を命令したすべての者を特攻に送り、その数万朶隊400機である。

●敵前逃亡　冨永恭次

1月10日、フィリピンマニラに司令部がある陸軍第4航空軍司令部に、第14方面軍司令官山下奉文大将の使者が来た。軍司令官冨永恭次中将にマニラ放棄、レイテ島移転の命令を伝えるためだ。

「第14方面軍司令官より下達。第4航空軍は、レイテ島に防空の任に当たるべし」

冨永は椅子に座ったまま、山下の命令文を机に置きななめに構え、「本官はマニラで部下2000人を殺した。その英霊を忘れて、この場を去るわけにはいかない」

「山下閣下の強い望みであります」

その言葉が終わる前に冨永の軍刀は床を叩いた。

「だから、死んだ者に申し訳ないと言ってるんだ。マニラにいるのもレイテに引くにも第4航空軍の武器は空だ。どちらでも同じなんだよ、山下閣下にお前から上手く説明しろ」

けんもほろろである。第14方面軍参謀は仕方なく帰るしかなかった。

「作戦会議だ、そこへ腰をかけろ」

上部機関命令に立ち会った副官、高級参謀と冨永の第4航空軍幕僚の善後策の相談が始まった。

「高級参謀、飛行機は、あと何機だ」

「一式陸攻4機、隼が9機になります」

「13機か、これでは戦えないな。翼をもがれた鷹はただの鶏だな」

冨永は、ぽつんと天井を見上げ嘆くと、「本官の腹は決まっている高級参謀、直ちに14軍に向かえ、第4航空は台湾に転戦し、体制を立て直す。分かったな」

その言葉に誰しも唖然とし驚いたが、そこは優秀な頭脳集団。「命が助かる」。人は弱い、冨永の囁きは地獄で仏の声、誰もが内心ほっとした。

マニラの現況では米軍に向かって、軍刀とピストル、兵は竹やりの切込みしか方法がない。「さあ、忙しくなるぞ、搭乗員数は、副官、参謀長、竹屋の女将とその女3人で都合13人だ」。

冨永は、虎の子の隼5機で一式陸攻を守り、第4航空軍1万人を捨て台湾に後退した。

台湾につくと台湾方面軍、安藤利吉大将に事後承諾を得るため参謀長を派遣した。

「台湾方面軍司令官殿、第4航空軍司令官、冨永恭次中将から復命いたします、第4航空軍は劣勢を立て直すため、台北飛行場を基幹に再編成を行ないます」。それに安藤の言葉は「兵はどうした」。参謀長は答えることが出来ず、沈黙するしかなかった。

安藤が言葉を続けた。「見捨てたか、本官は受け付けられない」

下を向いている第4航空軍参謀長を背に安藤は部屋を出る。続いて、安藤の副官幕僚が続き部屋の扉を荒々しく締め、大きな音を立てた。

参謀長はその荒々しい音がマニラに捨てた若者たちへ悔悟の念を消し、ほっとした。

それ以後、第4航空軍幕僚以外、台湾で冨永とその幕僚に挙手礼する兵は一人もいなかった。

マニラに置き去りの第4航空軍は飛ばせる飛行機は1機もなく、戦闘隊でない装備と設営隊に戦う余力はなく、1万の兵の半数5000人以上がマニラで戦死した。

さすがに富永も、その罪状は予備役に落とされ、再召集されたが、しぶとく立ち廻り、その罪を認めることなく昭和35年1月終焉した。享年68。

●リベンジ　ダグラス・マッカーサー

昭和17年に日本軍のフィリピン侵攻により、フィリピン総督ダグラス・マッカーサーは、終いの住処に決めたマニラから妻子と幕僚数名を連れ、魚雷ボートでオーストラリアに急ぎ脱出したが、占領国、日本軍は、米軍の捨てたマニラ市街を何一つ壊すことなく、スペイン統治から残る町並みの保存に努めた。

マッカーサーのリベンジの一念、待つこと2年、タラワやサイパン陥落で、フィリピンへの米軍侵攻が確実になった。

だが、マッカーサーに届いた報せは、無残にも、フィリピンを捨て、米軍侵攻は台湾・沖縄とする決定内容だった。

理由がフィリピン守備の日本軍があのマレーの虎、猛将山下奉文大将であり、米軍は火中の栗を拾いたくない。台湾・沖縄を陥せば、山下は自然と日本に戻る。その時、米軍の優勢な潜水艦で日本の輸送船を撃沈する。米統合参謀本部と合衆国大統領フランクリン・ルーズベルトは作戦に先立ちハワイで現地軍司令官を慰労した。

統合参謀本部からキング部長とアーノルド長官、陸軍からマーシャル大将とマッカーサー大将である。雑談が一段落すると、ルーズベルトはマッカーサーに話を向けた。「ダグラス君は、次は、どの辺に駒を進めるかね」と大統領から本題を問われ、一瞬、逡巡したが、その米国一の頭脳は、凄い勢いで回転し、言葉が次から次へ口から出た。「閣下、フィリピン国民は、閣下の軍隊の上陸を一日千秋の思いで待っております、また、閣下の忠良なる部下20万人が、ジャップの不当な監禁と重労働、不健康な設備、劣悪な環境下で1日数百名が亡くなっております。1日も早く解放を」

マッカーサーは、その後、口を閉じることはなかった。ルーズベルトは、手に顎を乗せ、ただ、ひたすら、マッカーサーのフィリピン攻略論に耳を傾けることしか出来ない、

片や迎え打つ日本軍・寺内寿一南方総軍司令官、米軍来襲戦略を現地第14軍司令官山下奉文大将と考えを異にした。

寺内は台湾沖航空戦の過大報告を真に受け、ルソン島持久戦からレイテ湾で米軍を叩く水際撃滅方針に変更。山下は準備不足を理由にレイテ戦を頑強に反対したが、組織は上から下である。ここに英雄の悲劇がある。そしてレイテ戦は、海を埋め、空を覆う、米軍の大兵力に制海・制空権を失い、日本軍は完膚なきまで叩かれ、山下はバギオの山に転戦し、ゲリラ戦に移った。

マニラにマニラ防衛隊海軍陸戦隊岩淵三次少将と陸軍2万人が退陣している。山下は岩淵にマニラ放棄、レイテの山に転戦を命令。岩淵は陸軍のレイテ戦のドタバタに嫌気をさし、

移動に移動、米軍に追われ、屍を山谷に晒す。その場限りの命令に海軍という立場で、岩淵は命令を無視。マッカーサーは、1945年2月3日、躊躇することなく、マニラ無差別爆撃を行ない、日本軍1万2000人、フィリピン市民10万人が米軍の絨毯爆撃の犠牲となった。戦勝国米国は国際法違反のマニラ無差別爆撃を今も、日本軍がフィリピン人10万人虐殺と公式に発表している。

●硫黄島　ホーランド・スミス

伏龍沼に潜む。東京から1200キロ先、火山列島硫黄島小笠原兵団栗林忠道中将1万5500人、海軍陸戦隊市丸利之助少将7500人が布陣し、栗林の1万5500人は30メートル下に構築した縦横深道に身を隠し、来るべき決戦に向けて米軍を待ち受けていた。

今こうして、なぜ遥か南海の小島で、血を血で洗う激戦場になったかは理解しがたい。その時、アメリカは日本軍の降伏は、日本国民の厭戦思想しかないと考え、それに賭けた。

原爆の開発とソ連参戦だが、双方とも確実ではない。その前にやるべきことは、空の要塞B29で日本国土の徹底的な破壊である。そのためテニアン島を取り、グアム島を取り、サイパン島を取ることが必定で、しかしそれで万全ではない。東京とテニアン島の直線上に硫黄島がある。硫黄島を攻略しなければ、日本軍のB29迎撃の最前線基地が硫黄島になる。

この硫黄島沖に米艦隊が出現したのは、2月19日、その数495隻は、硫黄島に蟻の這い出る隙間もない支援艦隊の砲爆と、空からの絨毯爆撃は3日間続き、硫黄島に草木1本残さず焼き、5メートルほど削ぎ落とされた。

米偵察機は、何機飛ぼうとも、硫黄島に生きている物陰は確認出来なかった。

命知らずの飛行兵は、高度を下げ地表を這うように飛行し確認した。

上陸米軍海兵師団長ホーランド・M・スミス中将は、麾下海兵第3・4・5師団7万5000人の第1陣1万5000人に、上陸を命令したのは3月6日のことである。

スミスは楽観論で、1万5000人に「諸君、ピクニックだ。米軍は、ガダルカナル以降無敵だ。ジャップの作戦は、教化主義で単一細胞だ。諸君が砂浜に足を載せた時、硫黄島は墜ちる。米軍は空から海から諸君らを守る、諸君の任務は2つだ。1つはマウント・スリバチ（擂鉢山）に星条旗を立てること。2つ目は困難であろうが、日本兵の腰からサムライ・サーベルを2つ持ち帰ることだ。1つは私への記念に、2つ目はフォレスタル海軍長官のお土産に。ゆっくり行け」

楽観論の演説が終わると海兵たちはスミスの陽気さに呑まれ、ヘルメットを空高く舞い上げ、「ヘーイ、マウント・スリバチ、ヘーイ、サムライ・サーベル、ツー（2つ）」の大合唱が起こった。

スミスは親指を立て、側のジェームス・フォレスタル海軍長官を見て、「ワンディ」とウインクした。

海兵1万5000人を待っていたのは地獄の戦場。

栗林の「死して鬼になる」。今までにない地下から地上を動く米兵への屠殺である。初日、2420名、激戦は7日間、スミスに求められた攻略期間3日間は、スミスの戦闘指導不足の確認期間であった。

栗林は、「殺してくれ」。部下の強い要請と泣きごとに鬼になれず、意に相違した総攻撃を許した。

硫黄島は、太平洋戦争日本軍が米軍死傷者を下回った唯一の戦場で、バランスシートは米軍死傷2万3000人、日本軍死傷2万1800人である。

●終戦工作　岡田啓介

岡田啓介は、大本営参謀瀬島龍三少佐を呼び、戦局の是非を聞いたのは4月初旬である。「瀬島、陸軍の今後をどのように捉えるのか」の岡田の問いに「フィリピンが堕ちた以上、いかんともし難いです。、陸軍は台湾の安藤利吉大将、沖縄の牛島満中将の健闘を待って米軍の進行速度を止め、10月頃、予想される九州で、満州関東軍100万と九州師団100万の挟撃で連合軍本土来攻を断念させたい。だが、希望的観測で上陸点により戦況は画餅に帰す、陛下には松代大遷都で国民総玉砕しか国体護持は考えられません」

瀬島は冷静に日本軍の劣勢を重臣岡田啓介に答えを返した。

「そうか、勝算はないのだな」

岡田は瀬島の顔を見詰めることなく、庭を照らしている月を見上げ、ぽつんと漏らした。

「瀬島、忙しいところ苦労を掛けた。今、少しだ。ひと働き頼むぞ」

門外の大本営本部の公用車まで瀬島を送り、瀬島が去るとその場に立ったまま、また空の月を眺めた。春の涼しい風が岡田の着物の袂に吹き込む。

「終戦しかないいな、第一は国体護持しかない。ロシアの教訓もある、イタリアの教訓もある、いかに国体を護持するかだ」

岡田は、両手を右左に交差し袂に手を入れ、「負けは認める、だが、情勢を見て、不逞の輩は何をやるか分からない。国家転覆クーデターは絶対に防がなければならない」。岡田は月を見ながら、「死地に活路を見出すしかない」と心を定めた。

翌日、軍服に着替え、日吉の海軍軍令部に顔を出し、軍令部次長伊藤整一中将に面談を求めた。

海軍の最高顧問で総理大臣を務め、昭和天皇に信任がある、岡田啓介である。伊藤はその時、米軍の台湾、沖縄の来攻にどのような手を打つべきか重大な会議を行なっている。岡田は軍令部次長室に顔を出すと副官に「岡田だ。軍令部次長はいるか」と伊藤の所在を尋ねた。

「軍令部次長は、只今、台湾・沖縄決戦への会議中です。お呼びいたしましょうか」。副官の答えに「いや、いい、俺が行く。案内を頼む」と会議場に連れていくように指示した。

「それは困ります、重臣は、一応部外者になりますので」と、副官は組織のイロハを口に出した。

「バカ者、海軍の岡田だ」。岡田の恫喝に副官は震え上り「ご案内いたします」とスゴスゴと案内するしかなかった。

岡田は会議室に入ると中央の伊藤に近づき、側に座っている横須賀鎮守府長官を顎でしゃくり、席を開けさせ座ると、一同を見渡し「やれることはすべてやれ。出し惜しみするな。練習機も飛行教官も特攻だ。陸軍は竹槍で闘うと言っている、大和は来襲地、台湾でも、沖縄でも米軍上陸地点に突っ込んで浮砲台だ。分かったな。伊藤」

一気に命令を下した。

●戦艦大和　有賀幸作　1945年4月7日

大和艦長有賀幸作大佐は、第2艦隊司令長官伊藤整一中将と共に大和に着艦した。47歳になる。有賀の戦艦大和の艦長は、異例の抜擢であり、死に場所であった。

「沖縄で充分に暴れてくれ」。前任森下信衛大佐の引き継ぎの言葉である。空の護衛なしの沖縄への道、片道燃料で嘉手納海岸の浮砲台になる。九死に一生を求め、成算のない死の特攻が大和の戦場だった。

有賀は、伊藤の「外道の道、大和は日本帝国海軍の華、死に場所は他にある」と頑強に抵抗した噂は耳にしていた。

４月６日、有賀は、少尉候補生24名に大和乗艦勤務を解くと、翌７日朝４時０分、大和は、山口県徳山沖を沖縄に向かって出港した。

九州豊後水道に入ると死の使者、米潜水艦２隻が待ち受け、充分な距離をとって大和の後を追い始めた。ものの30分も経たず、暗い戦雲が大空を覆うように米艦載機が大和に群がり爆弾のシャワーを降りかけてきた。

大和に群がった米軍機は１波の３８６機、２波の１２６機で大和のシンボル世界最大の46センチ砲は破壊し焼け落ちた。

鼻の落ちた巨象に、蠅が群がり、傷つき痛め、空から魚雷20本が落ち、脇腹を刺した。時は午後２時５分と記録されている。巨象は後ろ足を屈め前足を折り、静かに座り込むように海底に沈もうとしていた。

沈思黙考、艦橋に座り正面を見据えていた伊藤が、「衛兵、幕僚を集めてくれ」。真一文字の重い口を開いた。

幕僚が伊藤の前に整列すると伊藤は椅子から立ち上がり、徳山以来、初めて口にした言葉が「総員退艦」のひと言だった。

伊藤は、正装で制帽を腕の脇に挟み挙手をし、幕僚一人ひとりに左端から目礼で短い乗艦勤務の別れを告げた。

最後に、艦長有賀になると伊藤は挙手を解き制帽を被り、有賀のもとに歩み「幸作、越中ふんどしが出てるぞ」と笑って両手で有賀の手を握った。熱情家の有賀は、不覚にも伊藤の手に涙をハラりと落した。伊藤は、それに何の反応もせず、踵を返すと艦長室に降り鍵を閉めた。

有賀を始めとする幕僚は挙手をもって見送ると退艦準備にかかり、有賀は最後に従兵に、「おい、ロープを持ってこい」と命令、そのロープで自分の体を羅針盤に縛りつけ「何をしている、早く行け」と泣きじゃくる従兵に退艦を促した。

「艦長ありがとうございました。お別れいたします」

羅針盤に縛りつけられた有賀の身体の裾からふんどしが覗いている。「ああ、たっしゃでな」。腹から声を返した。

大和の乗組員3332名中256名が存命で終戦を迎えた。

●32軍参謀長　長勇

沖縄首里城地下壕の幕僚会議、前列、中央が軍司令官牛島満中将、牛島の左に参謀長長勇中将、その側に高級参謀八原博通大佐の席順であり、いつものように八原が作戦令を説明する。八原が終わると、長が指揮下に作戦割り当てを命令。その後に牛島が「各官、何かあるか」で質疑が始まる。長と参謀たちは、八原の作戦案が軍人として面白くなく不満を抱いていた。長も大本営の沖縄戦が米軍釘付け、時間稼ぎである以上、八原作戦案に反対は出来ない。

だが、米軍上陸を無抵抗、1発の弾を撃つことなく堕ちてしまうと我慢は限界点を超えた。長は発作的に、「軟弱、男は死に際が大事なんだ」と大声を出し、八原の説明を折った。それを待っていたかのように、各司令官たちも机を拳で叩き、軍靴で床を叩き、長に声援を送った。すると憤然と牛島は立ち上がり、大きな眼で各司令官を睨みつけ、そして座った。

八原は冷然と顔色ひとつ変えず、前と同じく、持久案作戦令を説明していく。終わると長の番である。八原が最後まで話を終わらないのに長は立ち上がり、「司令官閣下、俺を殺してくれ、米軍に一太刀を」と身体を牛島に向け必死に訴えた。

長の両目にうっすら涙が湧き、顔を真っ赤にし、両手がぶるぶる震え訴えている。その時、牛島は、大本営の命令に違反することを決心した。

長の両手を握り、「分かった、分かった」と声を掛け、立ち上がり、「諸君、皇国の人柱、1億の民、何のため100年も兵を養ってきたのか。今戦わずして……」からの演説を始め、「決を採る、各司令官、持久策の者は立て」

持久策には八原以外誰ひとりとして立つ者なし。全員が牛島の次の声を待つ。

「決戦の者は立て」

牛島の言葉が出る前、唇の動きで全員が立ち上がると気色ばんで大声を出し、隣同士が抱き合って喜びを分かちあっている。八原はこの現状に何ら感情を表わさず憮然と天井を見上げるだけだった。

5月4日、沖縄第32軍は、満を持して米軍に夜襲を敢行した。

双方が挙げた白色弾は嘉手納海岸に真昼下の状況を作り、連隊長自ら軍刀を掴み、米軍に切りかかった。日本兵の叫びは、大雷鳴のように空気を切り裂き、米軍に向かった。

だが、米戦車の壁の前に幾重にも張り巡らされた鉄条網の下にあるブルドーザーで掘られた人口河岸は、体を晒すと自動小銃弾が容赦なく兵を粉砕した。

この突撃で米軍の戦車の壁20メートル内に近づいた兵はなく、第2次、第3次、第4次の夜襲は第32軍兵の死体の山を築いた。

地下壕で戦況を知った長勇中将は、「悪かった。許してくれ」と咽《むせ》び、牛島に許しを請い、第32軍死の特攻を取り下げた。

それ以後、長は八原の作戦にひと言も発言せず、米軍を挑発しては退く、退却持久戦が沖縄県民を巻き添えにした。

八原の沖縄戦は沖縄県民10万人に戦禍を起こし、犠牲者を出したと言われている。

●最後の上陸戦　太田實

沖縄戦牛島満中将の第32軍の役割は、日本軍背水の陣、九州戦への時間稼ぎ、そして一人でも多くの米兵を殺し、日本征服には、大きな犠牲が必要であるとの米国への脅しである。

沖縄戦とは、日本帝国国体護持のための最後の持ち駒のはずだった。

大本営も海軍軍令部も行動を刷り合わせ、生死を共にすることに一致していたはずである。だが、牛島は、第32軍の沖縄南端摩文仁の丘移動に際し、海軍陸戦隊太田實少将に小禄半島確保を要請した。

太田の海軍沖縄方面根拠隊8900名は、兵のほとんどが老兵の設営隊であり、小銃携帯は3割の3000名だけである。太田は、牛島の命令に憮然として瞑目し、自らのこの世に生まれた理由を探していた。

武人である以上、万世に語り継がれる戦《いくさ》をしたかった。

だが、沖縄戦を左右する陸軍第32軍牛島は、太田の海軍沖縄方面根拠隊に随行を許さず、小禄に残り、米兵を釘づけの人柱とする。あまりに身勝手で無慈悲な命令は戦いではなく、沖縄方面根拠隊を人的盾とし8900名を屠殺するに等しい。太田は、なすすべもなく、部下将兵に竹槍と缶詰め爆弾をもって、米軍海兵第6師団にバンザイ突撃を命じなければならない。副官を呼ぶと「バンザイ突撃の時期は、私が拳銃を1発空に放つ、それを合図に突撃を命令してくれ」と死を悟った目で睨み、話した。

どこで綻びが出たのか、第32軍は首里の地下壕を捨て、南端に米兵を引きつけ移動をしていく。第32軍は、首里の地下壕を出る。最初の連絡は、海軍沖縄方面根拠隊も第32軍と共に南方に下がり、第32軍のゲリラ戦に参加し、米兵を1人でも多く殺す。その命令を受け取り、太田は運搬に不要な高射砲を始めとする重火器の破壊を命令した。

破壊は徹底していて陣地も壊した。

この期に及んで、「何で海軍は動くのか」では、血も涙もない（言いたいことは山ほどある。陸軍対海軍のセクト争いなのか、第32軍は沖縄根拠地隊が邪魔なのか、牛島は太田を嫌いなのか）。あまりの仕打ちに、太田は邪念を捨てるべく、香を焚き、一生縣命般若心経を唱えた。

1時間、2時間の座禅に香は消えた。香は消えたが、香りは残る。太田は怒りが納まり、すべてこの世の定めと得心した。すべてを許せる。太田は、第32軍に、訣別電を草案し、副官を呼び「貴軍の従前のご厚誼に感謝しご健闘、ご武運を祈る、天皇陛下万歳」を打電させた。

さらに、もう1本香を焚き、香炉の側に拳銃を置き般若心経を唱え、香が燃え尽きると太田はコメカミに拳銃を当て引鉄《ひきがね》を引いた。

この銃声が総攻撃の命令である。沖縄根拠隊８９００名は、日本刀、竹槍、鎌などあらゆる手段をもって、山から谷底へ、優秀で威力のある重火器の槍衾《やりぶすま》の米軍へ突進した。

そして、米軍小禄半島上陸は、第２次大戦最後の上陸戦となり、米兵の戦死傷者は少数であった。

●参謀　八原博通

八原博通大佐の沖縄戦は、自分の策を充分に生かすことが出来ず、この仇に報いるには、米軍包囲網を突破し、小舟でも何でも、もう一度日本に帰らなければならない。その一念で、八原は農民のボロ着をまとい、顔に煤をつけて民間人の集団に紛れ込んだ。

果たせるかな、八原の前に、戦車が横列に槍衾を作り待ち受けていた。

当然、避難民の渋滞が長い列を作り、その横を米軍兵士が自動小銃をもって避難民を振り分けていく。女、子供、老人は、何ら制限を受けず、渋滞から離れていく。八原も、そんなに時間をかけず、米軍陣地内に入った。

（あと少しだ。この次は、こいつらの1人でも2人でも地獄に送り込む）心の底から米軍兵士を憎んだ。

その八原に「アナタ、コチラ」と片言の日本語が耳に飛び込んできた。

不幸にも八原は疑われている。八原を取り囲み、数人の兵士が自動小銃を向けている。八原には覚悟していたことで、正念場、義経の安宅の関、当然この場を乗り切らなければ次には進めない。八原は拝み倒す芝居に出た。

だが、八原の前に現れたのは、先に捕虜になった日本兵3人である。「あっ八原だ。兵隊さん、こいつは、皆さんを苦しめた。元凶の八原大佐です」。沖縄第32軍高級参謀八原博道大佐は、部下の裏切り、軍本部将校の裏切り、部下将校の面通しで米軍の捕虜になった。

もう、戦いに負けた。沖縄第32軍に、あの日本帝国陸軍の鉄壁を誇り、揺るぎない組織の片鱗さえ残っていなかった。

八原は、日本軍が誇る秀才で、剃刀のように切れる頭脳明晰さが、他者には不遜に見え、度量のなさを印象づける。相手が物を言うと多くを語らず、軽蔑し鼻先でせせら笑う態度が多くの敵を作った。

その急先鋒が直属の上司、第32軍参謀長長勇中将である。長は、公然と八原を非難し、沖縄戦終了後は、どのような結果になろうとも、この軍刀で「切ってやる」と息まき、作戦会議で何度となく軍刀の鯉口を切ったが、その都度、軍司令官牛島になだめられ八原は命を保っていた。

牛島も最後には長を押えることが出来ず、八原の持久策を捨て、総攻撃を命令したのは5月4日である。米軍の前に、日本兵は何千名も向かっては倒れ、向かっては撃たれ、死屍累々の墓場を築き、日本兵が米軍陣地内に踏み込んだ者は1人もいなかった。

その後、八原は内部を一掃し、沖縄県民を盾に南部に転戦する冷血な作戦を立案。沖縄県民は従うしかなく巻き添えになり、多くの人が亡くなった。

牛島は、摩文仁の洞窟で八原を生かそうと思い、八原に大本営出張を命令した。

八原は米軍捕虜となったが牛島の度量は、戦後、八原を36年間、生かした。

八原の葬儀は昭和56年5月7日。参列した軍関係者はわずか7名。享年78。

●洞窟　牛島満

牛島満は、郷里鹿児島が生んだ英雄、大山巖を崇拝し、軍司令官の生き方は大山方式でと決め、その日を待ち続け、敗色濃い、沖縄第32軍司令官を拝命すると、さらにその思いを強めた。大山になるには児玉が必要だ。

牛島は、梅津美治郎参謀総長の「何か希望があるか」の問いに、「長中将が希望である」。心に決めた人の名を口にした。

梅津は呆れ顔で「長か、長以外では駄目か」と念を押した。

大本営では、沖縄戦は米軍九州侵攻までの時間稼ぎなのだ。

梅津に、沖縄戦に何かと不人気な八原を使ってもらう。だが、長では、八原を生かせる訳がない。牛島の度量なら、八原の不尊の態度でも衝突などは起きないだろう。だが、ここに長が入ると何かと波風が立つ、第32軍麾下軍司令官も八原の案に反抗する可能性が出る。第2のインパール問題が発生しないのか、性善説の牛島は人を疑うことを嫌った。

（八原の評判は、何かと聞いている、長も自分と同じ、豪放磊落、部下の面倒身が良く情け深い、人の作戦を重箱の隅をほじくり返すような器ではない。作戦は大本営案で八原が立てる。俺と長は、その神輿に座るだけだ）

「いや、長でお願いいたします」。長を三顧の礼で迎えた。

長勇中将と牛島は気が合い、2人でよくどぶろくを飲んだ。牛島は長の剛毅を好んだ。

牛島にとって長は単なる部下ではない。地獄で得た友である。盃を重ねるごとに時間を忘れ友情を分かち合った。だが、幕僚会議で長と八原は衝突した。

牛島、長、八原の3人で最終調整し、会議に臨むのだが、八原が説明している時、八原の言葉尻を捕らえた長は「説明を壊す」と幕僚会議が長対八原の確執となり、第32軍の組織を崩壊していく。そして長が八原の言葉を許すことができず軍刀に手にかけた。

牛島はその手を押えながら、立ち上がると、長の総攻撃と八原の持久戦を総意で決ることにした。

長は八原一人を除き、全員の総意の中で満を持して米軍との真っ向勝負を挑んだ。が、時すでに遅し、近代戦である。八原の持久戦が18万３０００人の米軍上陸を許し、陣地構築後の米軍に第32軍は勝てる訳がなかった。

沖縄県民を連れ逃げ回り、沖縄最南端まで第32軍は追い詰められた。

後は海に落ちる以外に道がない。牛島は決別電を大本営に打つと摩文仁洞窟の前の将兵・住民に最後の訓示、「生きて虜囚の辱めを受けず」を行ない洞窟に戻り、長とどぶろくを重ね、腹を切り副官がピストルで撃った。続いて、長も後を追い、副官のピストルの音が2発摩文仁の洞窟から洩れた。沖縄第32軍の抵抗は終了した。牛島満享年57。長勇享年50。

●住民虐殺　鹿山正

米軍沖縄戦は、第32軍を摩文仁の丘に追い詰め、大勢が決まると放置していた米軍の久米島諸島殲滅戦が始まり、指揮官E・L・ウッド・ウイルソン少佐は、久米島派遣軍30名で、久米島郵便局長安重と16歳少年の拉致に成功した。

安重と少年の取り調べ、調略部隊の意見を総合して久米島には、戦闘部隊ではなく海軍レーダー（電探）見張所であると結論。6月23日の牛島満中将の自決、沖縄第32軍の指揮系統が壊滅し、6月25日、大本営の沖縄放棄の暗号文を解読した

米軍は、久米島に1000名を上陸させ久米島に米軍の軍政を開始した。この時、久米島住民は、米軍側住民と海軍見張所側住民に分かれた。

ウイルソン少佐は、安重局長を解放し、住民に食料を配給する。さらに安重局長に海軍見張所に投降勧告文を届けるよう指示した。

今や海軍見張所所長は、日本軍久米島の最高指揮官である。兵30名のレーダー部隊指揮官は、準士官海軍兵曹長鹿山正である。鹿山は日本軍が負ける訳がない。不敗神話に拘り、今に約束の日本陸軍が攻勢に出る。強気と責任感で、米軍と接触した者は敵と決めつけた。

6月27日、レーダー部隊鹿山に安重局長が米軍の投稿文を差し出すと、「お前は、敵に何もかも話したな、海軍軍法に則り、銃殺刑だ」と弁明を許さず、手にした陸式歩兵銃で至近距離から安重の顔面を撃った。安重は顔が砕け、両手に投降文を持ったまま1メートル後方まで吹っ飛び絶命した。

この時、鹿山は、ルビコン川を渡ってしまった。義勇軍を募り、ウイルソン少佐隊に手榴

弾で特攻を命令した。

義勇軍は、米軍の30メートル圏内に近づくことが出来ず、無駄死である。攻撃は日本軍降伏8月15日以後、敗戦になっても続け、特攻失敗で逃げ帰った者は、鹿山に顔面を小銃で撃たれ部下3名が死んだ。

鹿山のウイルソン少佐隊ゲリラは、久米島住人の虐殺に発展し、久米島区長小橋川家族、警備団長糸数家族の9名を虐殺し家に火を放った。

恥ずべきことは、在留邦人は朝鮮人の谷川昇（日本名）家族を食料強奪の目的に7名の幼児まで虐殺している。鹿山正は都合、5件の処刑を行ない29名を殺した。

戦後、鹿山正は戦時の混乱期の事件として、どこからも犯罪として立件されることはなく、一市民として四国徳島に帰った。

1972年、『サンデー毎日　―特集・沖縄戦を振り返る―』に、鹿山は「久米島の最高指揮官として兵30名、米軍1000名と島民1万人を相手に綱紀を守るために仕方がなかった。今、平和な世になって、あの時はどうだとか、こうすればよかったとかは、誠心誠意、日本のために戦った者にいう言葉でない。私は最高指揮官として職務を全うしただけだ」

また谷川一家殺人にも、戦時状況でありと、自己の正当性を語った。

悲しい話である。責任感に押しつぶされた小心な男の悲哀は、久米島という歴史の場に立たされたことにある。

●終戦内閣　鈴木貫太郎

開戦内閣、日本のアドルフ・ヒトラーと謳われた東条英機を倒すことは一朝一夕には出来ることではない、だが、ミッドウェーで負け、ガダルカナルで負け、ビルマの敗報が来ると日本帝国はすでに命運が尽きた。

東条を辞めさせなければ日本帝国が消滅する。東条を暗殺する。言うは易し行ないは難し、心ある者2人集まれば、その話題に夢中になった。

話せば話すほど糸が解けなくなる。東条の後は小磯国昭でいこう。もう秀才で生真面目は駄目だ。小磯なら、独りよがりの無謀なことはしない。我々の手の内で泳ぐだけだ。

肝心の東条倒閣は、いつの間にか駄目人間、小磯のリモコン内閣に移る。朝鮮半島、台湾、樺太を確保し、それ以外の満州、南の島々を差し出し、米英の使い走りになる。ここまで、頭を下げれば、ハリー・S・トルーマンもウィンストン・チャーチルも妥協するはずだ。

虫の良い話である、だが、政治の中枢にある高級官僚だけの知識であり、軍部と日本帝国国民に何一つ教えていない。プロパガンダの壁があった。

また、最高元帥昭和天皇にもすべてを話していない事情がある。そこに行き着くと猫の首に鈴を付ける問題も、東条暗殺も、すべて掛け声で終わり、誰一人として実行動を採る者がいない、そこに日本帝国の悲劇と虚しさがあった。

猫の首に鈴を付ける。問題は程なく、押し寄せる歴史の波は、独裁者東条をしても自滅させた。絶対国防権である、サイパン島が陥落したのである。東条も観念した。

自らの性格として妥協や詫びが許せなかっただけで、ずるずるとした一日延ばしの日和見が嫌で、先頭に立ってやるだけやって出た結果は、今や陸軍最高の立場と日本帝国最高の地位にありながら、部下の田中に「馬鹿野郎！」と怒鳴られ、日本総国民を窮乏、困窮の淵に立たせている、その怜悧な頭脳は、日本帝国に終わりがきたことを理解し決断させた。

外野は喜んだ。「小磯で名誉ある手仕舞いを。どうにでもなる」

表に出て泥を被りたくない、闇の帝王たちは次々と小磯に圧力をかけた。

だが自己保身、井の中の蛙には世界の動きとあまりに隔たりがあり、小磯は立ち往生し何も出来ないうちにレイテが堕ちた。

万事休す。終戦内閣、鈴木貫太郎が登場した。

鈴木は小磯より、鈍重で動きが遅い。大勢は決している。7月26日、ポツダム宣言・日本帝国無条件降伏案が英米支から出されると、鈴木は「ポツダム宣言は、一方的で受諾の意思は帝国にはない」と記者会見で発表。通告期限を過ぎても回答を避けた。

米国大統領は、その報を聞き、机上の原爆投下許可書にフルネームでハリー・S・トルーマンとサインをした。

第四部

原爆投下、そして終戦

●原爆広島　ポール・ディベッツ　1945年8月6日

原子爆弾開発競争は、米・英・日・独が熾烈な競争下で勝利を勝ち取ったのはアメリカ。トルーマン大統領は7月25日、戦略航空隊総司令官を呼ぶと原子爆弾を8月3日以降、広島・新潟・京都・長崎・小倉などの投下予定地として伝えた。

総司令官は、空軍司令官にその旨を通達し、候補地の優先順位を「広島・小倉・長崎・新潟」と命令した。

総司令官は、京都・長崎が歴史の町であり、広島・新潟・小倉で決着を付けたかった。観測機を月2回飛ばし　投下のシミュレーションを重ねている。

8月6日、早朝、B29はテニアン島を飛び立つ時、機長ポール・ディベッツ大佐は、特殊勤務を命じられた幸運を喜び、B29機に親愛なる母親の名を付けた。『エノラ・ゲイ』である。

搭乗前にディベッツは投げキッスをした。「ママ、私に幸運を」

黎明の滑走路にかすかな陽が差し込むと操縦席に座り「広島だ。予定午前8時」。機内アナウンスを流した。

エンジン音が鳴り機体の振動が体を興奮の中に導く。ディベッツから各クールの体制が確認される。「副操縦士」「オーケー」。「爆撃手」「オーケー」

最終のレーダー担当まで確認が済むと、ディベッツは操縦席の窓から地上整備員に手を振り「ゴー」と機内アナウンスを流した。

エノラ・ゲイ号が松山沖から広島に進路を取ったのは7時50分である。ディベッツは腕時計を見た。すべて順調に進んでいる。広島まで50キロ圏に入ると、前を飛んでいた観測機が、「広島天候快晴、午前8時。成功をお祈りいたします」。無線が入った。「イエーイ」。クール全員が歓声を上げると、ディベッツは、やや遅れているが9時前投下は想定範囲で、「イエーイ」とクールに負けず嬌声を上げた。

エノラ・ゲイが投下点、広島市相生橋上空に着いたのは午前8時13分である。

ディベッツは、双眼鏡で下界を見ている爆撃士トーマス・フィアビー少佐の肩を叩き、「ゴー」と、機内の全員が聞こえるほどの大声を出した。

フィアビーの焦点が相生橋を捉え、右手が投下ボタンを押すと、原爆リトル・ボーイは風切り音をたて、相生橋南西、上空６００メートル地点で炸裂した。

その衝撃波は音速を超え、広島市民は、上空に光を見た時、爆発音が飛び込んだ。

その破壊力は凄まじく、爆心地の建物は粉砕され、焼け爛れた。半径30キロ内の人たちは大なり小なりの被害を受け、ほとんどの市民が身体を一瞬にして炭化し、内臓の水分は瞬時にして蒸発した。

その数、広島市民35万人のうち14万人が犠牲になった。

●原爆長崎　チャールズ・スウィーニー　1945年8月9日

8月9日、ポツダム宣言勧告を無視する日本帝国政府に、テニアン島原爆搭載機B29ボックスカーが2弾目の原爆投下に向かう、機長はチャールズ・スウィーニー少佐で兵器監がフレデリック・アッシェワーズ中佐である。スウィーニーはその後、広島原爆投下後の観測と次期投下のシミュレーションを兼ねて広島上空を飛んでいた。スウィーニーは、太平洋戦争の終結を確信した。あと何個の原爆を投下するか、自分はその役割を果たせるか、と漠然と考えていた。

そのスウィーニーを、テニアン島日本戦略爆撃司令官ポール・ディベッツ大佐が待っていて、グレートアーティストを降りるスウィーニーに近寄り「少佐、本職は次期原爆投下に貴方を上申した」と喜びの言葉を掛けられた。

「少佐、おめでとう。貴殿を選んだ理由だが、原爆兵器はふたつしか完成していない。次の完成に6か月を要する。開発費も2億ドルの巨額だ。失敗は出来ない。それが貴殿、スウィーニーの選ばれた最大の理由だ」。「分かりました」。スウィーニーに後がない。その言葉に自分への期待の高さが誇らしく、嬉しかった。

社交家のディベッツより控えめで無口なスウィーニーは、ディベッツに昇進では星二つ開けられた日頃の不満が晴れやかに消え、満足であった。

ボックスカーが豊後水道から大分上空に入ると、エノラ・ゲイから「こちらは観測機エノラ・ゲイ。小倉上空午前7時50分、天候曇り、視界不良、念のため長崎に向かう」と、スウィーニーを落胆させる連絡が入る。スウィーニーは「ついてないなー、曇りか」と呟き、「目標、小倉、攻撃時間午前9時、総員配置」の命令を迷いながらした。

総員配置は、原爆兵器監フレデリック・アシュワーズ中佐に原爆の起爆安全装置が解放され、投下まで5時間を切った。

飛行進路は小倉南から北へ、レーダー士ジェイク・ビーザー中尉が興奮し「攻撃目標、小倉上空」と叫んだが、小倉上空は厚い雲で覆われ、視界が悪く状況が確認出来ない。原爆投下はピンポイント爆撃が最大の条件である。原爆ファットマンはすでに安全弁が開錠され、どこかに投下せねば、2億ドルが無駄になる。スウィーニーに最大の戦犯に問われる危機が起こった。

30分間飛行、旋回し、玄界灘から再度小倉。ビーザーが「攻撃目標、小倉上空」と大きな声を上げるが、状況は変わらず投下できない。雲の悪戯で豊後水道を出て3度目のトライに迷った時、エノラ・ゲイから「こちらエノラ・ゲイ。長崎上空午前8時50分、天候薄曇り、視界やや不良」が入り、スウィーニーは「目標長崎、攻撃時間午前11時」と目標を変え長崎に入った。

雲の切れ間から長崎の街は見えるが、投下目標箇所、松山町が確認出来ない。スウィーニーは焦った。アメリカは広島のウラン型235と長崎プルトニウム型239の効果の比較をしようとしたが、長崎原爆投下は目標投下点が大きく外れ、ファットマンの爆撃の目的が半減した。それでも長崎の犠牲者は7万4000人である。

●戦争責任　阿南惟幾

御前会議で昭和天皇がポツタム宣言受諾の聖断を下すと、陸軍大臣阿南惟幾は瞑目のまま天皇のご退席を待ち、自邸に戻る。阿南はその日終戦処理に忙殺され、ひと通りの事務処理が終わると、遺書を書く。

「一死以テ大罪ヲ謝シ奉ル　神州不滅ヲ確信シツツ」である。書き終わると妻綾子と副官を呼んで、「何事があっても襖を開けるな、天子様がご聖断の言葉を臣民賜る、いいか、開けるなよ、軍人阿南の面にドロ塗るようなことはするな」

言葉は厳しいが顔は穏やか。死線を越えたいつにない優しさがあった。

「惟幾は冥界に入った」

綾子はその覚悟を悟り、軍人の妻としての定め、世の非条理を恨んだ。

阿南とは凡人でありながら、誠実な人柄が陸大入試に3度落ちた経歴にも係わらず、軍人の頂点である陸軍大臣に登りつめた。

昭和天皇は阿南のその誠実さを愛し、阿南を真の兄のように思い、重用したからである。

阿南は、中将任官時にその報に驚き、「鳶の高上りだな、俺もこれまでだ。中将といっても、給料が上がっただけだ。辞めたら、これまでの詫びに旅行でもするか」と綾子に暗に辞意を漏らした。だが、中将に任官して阿南の生活は一変した。

終戦受諾内閣の陸軍大臣は、その一挙手一投足に注視が集まる。阿南は、本土1億人総決戦の戦いで死ぬことを願った。

だが、軍人としての務めも、決戦の死に場所も阿南の願わぬ方向に走っていった。

「これも天命だ」。襖を閉めると線香を焚き、座り込んで胡坐を組むと、ワイシャツを開き瞑目して線香の消えるのを待った。

線香が立ち消えた時、腹をさすると短刀を左腹に刺し体重を掛け突き刺した。

阿南の死は壮絶を極め、短刀を左腹から、右端へ引くが身体が抵抗し思うままにいかない。絶命したのは翌朝である。

隣の部屋、廊下に家族や部下が見守っていた。

日付が変わって15日、快晴の日差しが部屋に指し込むと、庭のクマゼミが一斉に鳴き始め、忍び泣きとともに7時頃になって阿南の悲鳴が消えた。

死後1時間ほどが経過し、副官は意を決し、障子を開き中に入り阿南の死を確認すると、阿南の胡坐を解き、畳に寝かせて廊下に戻り、隣で見守っている綾子に「閣下はお亡くなりになりました」と静かに伝えた。

綾子は、その声に弾けるように帷幾のもとに走り、号泣すると家族、近親者に慟哭が起こり、クマゼミの鳴き声はかき消された。享年58。

●特攻彗星　宇垣纏　１９４５年8月15日

猛暑の８月15日正午、昭和天皇の玉音放送が流れた。

第5航空艦隊司令長官宇垣纏中将は、普段とは違い軍礼装に旭日大勲章を胸につけ、直立不動の姿勢で両手に軍刀を支え、放送が終わるのを待った。

部下将兵も宇垣に習い、宇垣の後ろに33列の縦隊で玉音放送を聞いていたが、その長い隊列の中ほどから後方では、ラジオ放送など聞こえるはずはなかった。

司令長官宇垣の厳格な規律統制から、服務に忠実な将兵たちは、猛暑の中、玉のような汗が滴り落ちるが微動だにしない。

放送が終わり、前列の1人の将校が「負けたのか」と叫ぶと、ひれ伏し号泣した。それが合図となり前列から隊列は崩れ落ち、異様な空気が沸き起こった。

誰もが、日頃の宇垣の規律の厳しさなど忘れ、日本降伏の事実が伝播し、一種の錯乱状態が起こった。

だが、そこに1人だけ、鉄仮面宇垣は、戦前戦後の区切りを待たず軍刀を携え立っている。

「騒ぐな、見苦しい」と大声で怒鳴ると、副官を前に立たせ右手の拳骨が副官の顔面に飛んだ。副官の顔から丸眼鏡が飛び散って目の下から血が流れ、後方に飛んだ。

我に返った。将兵は、玉音放送前の隊列に戻り、各班の号令が轟き終わると、最後列の33班から、班長が宇垣の前に走り寄り、「各33班整列、総員1378名、異常なし」。敬礼して隊列の先頭にきびすを返した。

「次の者、前に整列。山口寛雄、多田一郎、伊藤利平、鈴木満、野木武夫、西野勝、和田武彦（全員仮名）」。宇垣から7名が呼ばれ、整列すると山口が号令を出し「番号1」。大声が和田まで番号が終わると、山口は急ぎ、宇垣の前に走りより、敬礼すると「山口ほか7名整列終わりました」。復命し最前列に戻った。

「右の者、我とアメリカに一死をもって仇を取る」

特攻の花道に7機の彗星乗組員35名の道連れを通告した。

「整備兵、滑走路へ、彗星用意急げ」。宇垣は航空参謀に指示を出す。「副官、後は、軍令部の指示を仰げ」。今後の方策を矢継ぎ早に命令、滑走路に7機の彗星が爆音を轟ろかし着陸態勢が整った。

航空参謀が「司令長官、準備終了しました。いつでも行けます」と大声で復唱した。

彗星7機は、大分基地滑走路から入道雲が湧きたつ大空に向かうと米艦隊を探し、燃料が尽きるまで飛び続け目的を遂げることなく南海に墜ちた。

宇垣纒享年55。

●占守島　池田末男

ソ連と国境をかまえる千島最北端の島、占守島《しゅむしゅとう》に第73旅団が布陣しており、8月15日になって、大本営からポツダム宣言受諾、武装を解除し、本国から引揚げ船が来るまで待機するよう命令が入った。

8月18日になって、占守島竹田浜にソ連の上陸舟艇が多数襲来し、ソ連兵、数千の上陸が見られた。

第73旅団に命令があり、ソ連軍の日本軍武装解除と理解し、兵站参謀を降伏の使者とし、丸腰にシーツを裂いた白旗を竹に結び持たせ、片言ロシア語しか話せない通訳を付けて兵5名と竹田浜に向かった。

ソ連軍は、軍使を二重三重に取り囲み自動小銃を突きつけている。兵站参謀は「我々日本軍は国際法の下で貴国ソ連軍の武装解除を受けたい。それに当たって、ソ連側の条件を確認したい」と通訳を通し交渉を開始した。

「これが、ソ連軍の回答だ。撃てー」とソ連側は右手を天に掲げ、下に振った。

第73旅団幕僚の注視する中で、ソ連軍の惨殺が起こり、日本軍第73旅団軍に自動小銃が撃ち込まれ、7名は血祭りに上げられた。

旅団長は驚き「これは終戦ではない。虐殺だ。目には目、直ちにかかれ」と交戦を命令した。早かったのは、戦車第11連隊長池田末男大佐である。旅団長の命令が出るか出ないかのうちに日章旗を持ち、戦車の砲塔に跨ると後続部隊に日章旗を振って指揮を執った。ソ連軍は、まだ体制が整っていなかった。とっさのことにソ連軍は10キロ後退し、占守島を囲む海面から霧が立ち込めソ連軍を地表から隠した。

池田の不運は、すでに武装解除で日本軍の無線設備は破壊しており、第11連隊に池田の指揮が伝わらなかった。混戦の中、池田が戦死すると池田戦車隊は壊滅した。

ソ連軍は池田戦車隊の動きに驚愕し、それ以後、千島列島南下に躊躇した。

ソ連首相ヨシフ・スターリンは、「出来るだけ早く東北まで、ソ連軍配下に最悪でも北海道を盗れ」の厳命は、池田によりカイロ会談密約の、東北以北ソ連占領を反故にされた。

ソ連軍侵攻の遅滞にスターリンは怒り、ソ連極東軍総司令官アレクサンドル・ワシレフスキー元帥以下39名に及ぶ銃殺刑を言い渡し、粛清と重労働刑は2000人以上に及んだ。

●停戦交渉　瀬島龍三

日ソ不可侵条約は、一方的に破棄され怒涛のように押し寄せるソ連軍に、日本軍最精鋭といわれた関東軍は後退に後退を重ね、さしたる抵抗をしないまま敗走を続けた。

関東軍に大本営から使者が来て、ソ連軍との降伏交渉が通達された。関東軍山田乙三大将は、瀬島龍三中佐を降伏交渉責任者に選んだ。

瀬島は、ハルビン日本総領事を通してソ連極東軍に停戦交渉を申し込み、ソ連軍から8月19日、ジャリコーウォで停戦交渉に臨むとの回答を得た。

瀬島は関東軍総参謀長秦彦三郎中将、総領事宮川船夫の３名でジャリコーウォへ停戦交渉に向かった。

相手は、極東軍最高司令官アレクサンドル・ワシレフスキー元帥、極東方面軍司令官キリル・メンツコフ元帥である。瀬島は、大本営通達のように現地軍に武装解除を受け、戦線を停止することを申し入れ、双方は合意した。

瀬島の停戦合意は、ポツダム宣言合意事項で何ら問題がなかったが、関東軍武装解除によって、窓のない貨車に押し込められシベリアに関東軍は移送され、そのままソ連軍の捕虜となった。その数、60万人は軍人だけでなく軍属、一般人も含んでいる。ソ連国の戦争賠償の代価に、「瀬島が天皇訴追を避ける条件で日本軍人の労務を提供した」と、この根強い風評は、瀬島が死んでなお消えることのない瀬島の汚名である。瀬島には、昭和天皇を、身を挺して守り切ったという、耳障りの良い言葉が男の勲章だったのである。

瀬島は、権力者に抑合することに長けており、太平洋戦争開戦実行者としての作戦立案文書が、班長→課長→部長→参謀総長に上がっていくが、誰一人として修正を加えたことがないと言われる天才である。同僚に、その秘訣を尋ねられて「指示命令作戦を上級職がどのように考え、どのように求められるか、その考えに合うように立案する」と答えている。

シベリア抑留中、戦後、瀬島は多くの汚名を残している。第一に、東京裁判のソ連側証人でソ連に有利な証言をしたこと。第二に、ラストボロフ事件でラストボロフの記者会見にソ連軍工作員として実名で名指しされたこと。第三に、公安庁がKGB工作員を追跡中、瀬島が数度工作員と接触が確認されていることなどである。シベリア抑留中、瀬島は「天皇制反対」を過激分子集団と大合唱したとされている。昭和天皇も「私の命令で戦争を起こし、先の大戦に多くの人が亡くなっている、それ自体、大変な悲劇であった。許すことが出来ないのは、戦後なお要職について責任を回避している者」と不快感を漏らしたと言われている。

だが、瀬島一人を責める訳にはいかない、極寒の地、シベリアで黒パンと塩スープの明日を生きることが難しい環境に置かれた人を、外野席がどうこう言うのは不遜に当たる。瀬島は、妻清子が90歳でなくなると、後を追うように平成19年9月4日、波乱の生涯を閉じた。享年95。

●便所の戸　杉山元

便所の戸（どちらにも開く）と揶揄され、八方美人杉山元元帥でも嫌いな人はいる。杉山に嫌われた、その男は日本陸軍の貴公子本間雅晴中将である。文武両道、影日向のない性格、すべてに杉山と正反対の本間に、杉山は嫉妬していたのだろう。本間は、正々堂々意見を述べ、理詰めで相手の鼻をへし折るが、逃げ道を用意し、徹底的に議論で相手を負かし、「今に見ていろ」とまではやり込めない。それが杉山にとって「何となく嫌な奴」となり、わだかまりが重なっていく。

参謀総長として、米・英・蘭との開戦を決意した杉山に南方総軍寺内寿一大将は、14軍本間雅晴中将、16軍今村均中将、25軍山下奉文中将を上申した。杉山は、やはり14軍の本間登用に難色を示した。

作戦課長服部卓四郎大佐に「本間は理屈屋だから面白くないな」と愚痴った。

「閣下、本間中将はフィリピン制圧後、軍政を敷く大役があります。山下中将や今村中将と違って、フィリピン統治は、アメリカ直轄の植民地でありながら、アメリカ本国と変わらぬ文政が行なわれている。強気一点張りの将軍では、反感を煽り、ゲリラ戦が想定され、山下中将や今村中将が分断されます。ここは本間中将が適任であります」

服部はきっぱり本間外しに異をとなえた。

服部は寺内と密かに意見を交換し、南方油田を得るには、本間、山下、今村でいくことに決めていたが、山下は2・26事件皇道派の黒幕との噂があり、天皇に嫌われ、本間の理詰めの意見は、大本営参謀たちから煙たがられている。服部には、本間より山下の人選がひと苦労と考えていたが、杉山はやはり、性分らしく、政争よりも人間的な問題を出した。

服部は「しめた。本間で来たか」。杉山の行動、何一つ自分で判断出来ない優柔不断さ、俺の考えに賛同し術中に嵌ったとほくそえんだ。。腹心、切れ者と言われる服部に言われると変わり身が早い。便所の戸は「そうだな、寺内さんの推薦だ。現場で汗を流す者の考えに竿を差す訳にいかない、明日にでも参内し陛下に決裁を得る、準備をしてくれ」。南方軍の人選を飲んだ。

服部の思い通り、本間も山下も今村も期待通り、その成果は、開戦早々世界最高水準の結果を出した。だが、フィリピンの米軍はバターン半島の籠城戦を本間第14軍に挑んだ。本間第14軍にバターン半島攻略は不必要な作業で、ジャングルを踏み分け兵站を長くして戦う作業ではなかった。

だが、杉山と大本営本部参謀幕僚は、本間に過酷で日本軍初の敗戦の瀬戸際に追いやった。杉山は服部の意見を取り上げず、第14軍幕僚本間以外全員を更迭した。また、大本営参謀辻正信中佐を現地第14軍に派遣し、本間は辻の専横により戦後マニラ裁判で銃殺刑となった。

杉山は9月12日未明、日本帝国の降伏文書調印を見届け拳銃で自殺した。グズ元（ぐずぐずしている杉本）にして最後は1発で幕を閉じた。享年65歳。

●ソ連証人　草場辰巳

東京裁判ソ連側証人草場辰巳中将は、ソ連機でシベリアから日本海を抜け、新潟上空から太平洋側に出て海岸線を北上すると、眼下の白砂青松に白波が踊る風景が飛び込んで来た。

草場はその光景を見て嗚咽が漏れ、涙は止まらなくなった。

その嗚咽は、最初は静かにそして次第に両肩が震え慟哭に変わった。

草場辰巳は、人目をはばからず泣き続け、同乗している松村知勝も瀬島龍三にも、その心境が痛いほど心に響き、2人は居た堪れなくなり、椅子からそっと立ち上がり、少しでも草場から距離を取ろうと後部座席へ移動した。ソ連側関係者も草場の気持ちを理解し、松村や瀬島と同じように席を立ち、一切の雑談は断たれ、機内は爆音と草場の泣き声が羽田に到着するまで続いた。

羽田到着前のアナウンスが流れる。「本機は間もなく日本国エアーポートハネダに到着いたします。着陸態勢、シートベルト着用をお願いします」。機長の声に草場は我に返り、アナウンスに従った。

その顔は、今までの弱虫、泣き虫の草場の顔でなく、心中期するといったさっぱり、晴れやかなものであった。羽田から、GHQのジープに乗ると従来の日本陸軍将官らしく毅然とした態度で言葉を一切絶ち、東京の街並みを眺めることなく、後部座席で瞑目し、家族、友人が待つホテルに向かった。

ソ連は第二次大戦終戦間際、日ソ不可侵条約を一方的に破棄して参戦すると、火事場泥棒の如く、千島列島を簒奪し、中国満州地方の非戦闘員や日本婦女子を強姦、殺掠した。

その数、数十万人と噂されているだけに日本証人草場、瀬島、松村3人に手の平を返すように出来るだけのことをして見返りを期待した。

草場は、妻の義弟とだけの機会を作り、「松雄くん、自分は苦しんで死にたくない、出来ればば青酸化合物を手に入れて奈美子に持たせてくれ」と頼んだ。「義兄さん、何も、義兄さんだけが罪を償わなくても、戦争は日本帝国の問題なのだから」と松雄は必死に草場に生き抜くことを頼むが、「松雄くん、これ以上、私の顔に泥を塗らないでくれ、ロスケのことだ。裁判が済んでロシアに戻され、生きていくために屈辱を味わいたくないのだ」と強い口調で松雄を諌め、草場は関東軍司令官山田乙三大将、参謀長秦彦三郎中将でさえ、虫けら以下のソ連の捕虜処遇の悲惨な状況を語った。松雄は涙ながらに、草場の話を数時間聞くに及んで、ついに悪魔の声に手を貸し、青酸カリを手に入れると姉奈美子に手渡した。

草場と奈美子は、ベッドに入ると草場は青酸カリを含み、水で一気に飲み込んだ。青酸カリの毒性は、草場に猛烈な苦しみを与えたが、決して奈美子の手を放さず、毒薬との凄惨な戦いが終わり、絶命すると、奈美子は草場の口から漏れている黒い血をきれいに拭き、その胸に泣き伏した。

その嗚咽の時間は、草場の喚問召喚時に泣いた嗚咽より長く、草場辰巳は東京裁判の証言台に立つことはなかった。

●アメリカ証人　田中隆吉

田中隆吉少将は、7月5日、GHQから東京裁判国際検事団へ出頭を命じられた。

GHQの要件は、田中を連合国検事団の米国法廷証人の任命で、田中は連合国検事団長米国ジョセフ・キーナンたちの部屋に案内されると、キーナンが田中に「ミスター田中、貴方が今裁判の主導権を握っている。貴方に中国が重大な関心をもっている。今回の裁判は2度と過ちを繰り返さないため、戦争の再発防止への責任だ」と暗にキーナンの方針に沿うよう協力を要請した。

田中は、直ちに、1、自己の保身（田中の日支事変謀略問題の免訴）。2、国体護持（天皇の免訴）。3、開戦時、東条の自分への冷遇の復讐（田中は東条英機により、開戦になると予備役に落とされ、太平洋戦争での活躍の機会を奪われた）。

キーナンは、田中が連合国側に協力すれば、免訴を暗に匂わせている。チャンスだ。

田中は、第1回公判から、その態度は卑劣で残酷、日本人被告全員を罵倒し弾劾した。

「証人、本戦争の主なる犯罪者は、貴方は誰だと思いますか」

米国検事が田中に訊問すると、証人席の田中は背をくるりと向け、被告席東条の顔を指差し、「この男、東条英機だ。日本のヒトラーで自分の意に背くものは特高を使い痛めつけた」との罵声を上げ、誹謗中傷は東条をして悔し涙で唖然とさせた。

裁判官も検事団も田中に言わせ放題で、田中によって、被告人たちは言われるだけ言われ、土肥原賢二においては「アヘン中毒者で、頭脳麻痺症状で暴走した」と訳の分からないことを押し付けられ、土肥原は、肩を震わせ両手を握り、怒りを抑えることしか出来なかった。

田中の最大の罪は、武藤章を断頭台に送ったことにある。武藤は太平洋戦争に消極的で検事団は無期懲役刑を考えていた。だが、武藤を無期懲役に落とせば、田中の証言で審理を組み立てている東京裁判は、他の被告も同一でなければ裁判の公平性が疑われる。それでなくても、東京裁判は勝者の復讐裁判である。武藤は田中によってスケープゴートにされた。

田中は開戦前、武藤を失脚させ、自分が武藤の椅子、軍務局長の座を画策した。

軍務局長の画策に失敗すると、生真面目な東条は、田中を予備役の冷や飯で、田中は2度と檜舞台に立つことが出来なかった。

幸不幸は糾える縄の如し。東条に更迭されて以来、憎悪と敵愾心に満ちた田中の復讐は、敵側米国に付くことで成就する。弁護側は、田中の虚偽を論破出来ない。田中は、日本軍部の不名誉なことまで何でも喋り、田中に反証を当てると、奇声を上げ、狂人を装い、弁護側質問に何も答えなかった。だが、自分の不利になること以外、田中証言に寸分の狂いもなく、東京裁判被告を弁護側は弁護できなかった。

11月26日、東京裁判は閉廷し、東条、武藤、板垣ら7人が絞首刑、中将級の絞首刑は武藤章だけである、武藤は「私が絞首刑になれば、田中の体に取り付いて呪ってやる」と話し、戦後、田中は「武藤が夜、枕元に現れる」と死に至る晩年まで、夜ごと武藤の怨念が田中の快眠を奪った。

田中の担当医Sは12月24日、田中をうつ病とカルテに記入した。

●中国証人　愛新覚羅溥儀

日本側弁護人は東京裁判の証人に溥儀の名前を見つけ、「中国という国は心が大きいものだ。これで日本帝国軍人の多くの者を救うことが出来る」と、東京裁判へ一筋の光明を見出した。

敗戦国の被告の多くは謂れなき罪であり、被告人名簿者には国連側の復讐裁判が意図されている。

「これで板垣と土肥原を救うことが出来る。ああ、天は被告人に手を差し伸べている」

名簿を手にした清瀬一郎は、その思いに願いを込めた。

だが、清瀬の希望的観測は冒頭陳述で頭から冷や水を浴びることになる。日本側の期待の星、溥儀はカンダタのクモの糸で、その下を上る土肥原を蹴落とし、「溥儀さえいなければ、助かる人を助けることが出来た」と清瀬は悔し涙で、この裁判を総括した。

溥儀は清朝の最後の皇帝である。太平洋戦争の原点となった満州国で土肥原賢二は溥儀と友好的に接した。皇帝在任中は、土肥原に兄事していた。

「証人にお尋ねしたい。貴殿の満州国での生活は、どのような思いで過ごされましたか」

清瀬は溥儀から日本が、僻地の満州を切り開き、多くの中国国民を救済した事実を引き出したかったのである。

「満州はひと言で言えば、日本の統治国である。その犠牲により私をはじめ中国、朝鮮、蒙古民族が使役させられた。不快に思っている」と溥儀は清瀬を切り捨てた。

清瀬は容易ならざる事態を察知し、質問を変えた。

「証人は土肥原氏を始め、日本国関係者に従前より感謝の念を表しておられるが、その辺りをお話いただきたい」

「満州国で13年、自分の言葉で一日たりとも話したことはない。日本国に快感情は持っていない。はっきり申し上げたい。日本人に善人者はいないと思っている。中国民にとって日本人は悪人そのものだ」

日本に対する温情はなく、溥儀は最後の皇帝として数奇な運命を辿った。

●高笑い　嶋田繁太郎

東京裁判市ヶ谷法廷の裁きは、連合国裁判長ウィリアム・ウェッブによって粛々と進められており、傍聴席から判決が下るたびにどよめきが起こり、喜びのささやきと、悲歎の嗚咽が漏れた。何とも形容しがたい異様な時間が流れていく。

東京裁判の主役、東条英機の番が巡ってきてウェッブは、従前のように東条に「あなたは有罪を申し立てますか、それとも無罪を申し立てますか？」と意を糺す。丸眼鏡に、国民服でヘッドホーンを付けた東条は、ウェッブに毅然として「訴因すべてにおいて私は無罪であります」と胸を張り答えた。

「戦争の首謀者である東条英機は極悪非道、今次大戦７００万人民の血を流した元凶は東条、あなたにある。どのような言い訳も通らない。よって、当法廷は、東条英機を断罪、絞首刑に決定した」

ウェッブは高揚した声で、自分の判決が歴史に刻まれることを確信するかのようにゆっくり判決を言い渡した。

東条は、絞首刑に動ずることなく、ウェッブの目を見て一礼して退席する。両脇をＭＰとヘルメットに書かれた進駐軍憲兵が法廷内控え室に先導する。先に絞首刑を宣告された武藤章が座っている。ある者は、打ちひしがれて涙を浮かべて、またある者は背を壁にあずけ焦点が定まらない。東条の入室に歪んだ顔で笑う者、日本帝国の太平洋戦争を指導した高官たちも長い法廷闘争が終わり、最悪の結果に何が去来するのか。

武藤たちは、東条に背もたれのない長椅子の真ん中を空けるため、両脇にずれた。

東条は着座し、思わず尻に感じた椅子の温かみに「暖かだな」と口にした。

東条たちが、次の入室者を待つ静寂の中、隣の部屋から東条内閣の海軍大臣嶋田繁太郎の大声がし、「(松井)石根君もいたのか、君は、てっきり隣の部屋だと思ったんだが、東条は俺の前のはずだが、やっぱりいない」と大笑が漏れてきた。

その笑い声に包まれる光景は、東条たちに生死を分けた無念が漂う。

神は何んて残酷なのだろう。みんな同じじゃないか。戦争責任に白黒があるはずがない。東条も日米開戦には消極的で、大本営の若手に担がれたと言われている。嶋田繁太郎は山本五十六、井上成美と日米開戦反対の先頭に立ち、戦争反対海軍3羽ガラスと言われたが、東条が大命を得て組閣すると、嶋田の海軍大臣任命は、海軍の日米戦回避の期待で送り出したにもかかわらず、拝命するとあっさり開戦に同意し、海軍日米開戦不満派を東条に告げ口し、海軍組織にひびを入れた。

海軍から東条の腰ぎんちゃく、東条の犬と悪口を言われた男である。

「一発で死にたかった」。静けさの中でぽつんと東条の口から洩れた。

東条は、戦争犯罪人指定を受けると、自邸でピストル自殺を決行したが、GHQの必死な介護で一命を取り留め、処刑場に送られた。

東条英機は昭和23年12月23日、絞首刑で波乱の人生を閉じた。享年64。嶋田繁太郎は昭和51年6月7日、好々爺然として静かに亡くなった。享年93。

太平洋戦争　番外編

●九大生体解剖事件　鳥巣太郎　1944年11月15日

中国大陸から九州小倉の空爆に向かったB29は、熊本と大分県境で高射砲に被弾し、山に墜落、飛行士たち乗組員は、落下傘で脱出すると身体に軽い傷があるものの、全員が一命を取り留めた。だが、鳴り響くサイレンの中、村人の老若男女の山狩りにより、乗組員の飛行士、副操縦士、機関士、無線士、爆撃手ら9名が、山の中腹にそそり立つ千年杉の下に追い込まれた。

9名（機長1名は東京の軍令部へ移送）は手に拳銃を携帯し、交互に仮眠をとると、来《きた》るべき時を待った。

夜が明け、太陽が天に上る午前10時頃、9名は、ついに発見され、村人は二手に分かれ、1組は監視役、もう1組は乗組員発見の報に、一目散に麓に報せに向かい、程なく捜索隊の軍人が進み出て、B29乗組員に拳銃を突き付けながら、拳銃を渡すよう促した。

B29のクルーは、手向かうことは、撲殺されることと理解し、覚悟を決め拳銃を投げ、手を頭に組み村人に投降した。国際法により日本政府の保護化（捕虜）に入ることを決めた。

クルーは、8名を福岡の西部軍司令部に連行されると簡単な取り調べの後、軍法会議に付され、弁護人抜きの裁判、西部軍司令官横山勇中将は全員を「当法廷は無差別爆撃、鬼畜米国、悪魔の申し子を極悪非道に付き死罪」と言い渡した。

捕縛からわずか5時間の裁判は、クルーたち全員に翌日、手と腰縄を括りつけ身柄を九州帝国大学へ渡された。

九大では、教室を留置場代わりにして、手錠に腰縄のクルーを終日監視して自由を奪い、クルーたちの人権は失われた。先行きの見えない不安感と恐怖を米兵に与えた。。

最初の生体実験は、シカゴ出身の19歳の爆撃手で、死を覚悟した青年の目から大粒の涙が流れ、残り7人全員に嗚咽が起こった。

青年は、手術室に連れ込まれると白いベッドに括り付けられ、麻酔を打たれ、実験が行なわれた。

残り7人も、同様の残酷な実験で命を失った。

九大生体実験の目的は、鳥巣太郎の代用血液の開発、日本軍傷病者の治療を目的で行なわれ、この悲劇は、日本降伏後、横浜軍事法廷で審理がなされ、横山たちは、捕虜を大村収容所に収容し、捕虜を救うためだったと偽証したが、執刀した石山教授は自責の念から獄中で自殺した。

司令官横山勇、九大助教授鳥巣太郎ら5名に絞首刑を言い渡した。

●死刑1号　山下奉文

太平洋戦争の天王山フィリピン・レイテ戦に大本営は切り札、山下奉文大将を起用した。命運を決める天王山。大本営は、レイテ戦が冷遇してきた山下への花道と、勝っても負けても託す。だが、山下の登場はあまりにも遅すぎた。

前任の黒田重徳中将の指揮、統率は緩み、指揮官がそうなれば、部下も同様である。黒田をスペイン風の華麗豪奢なたたずまいのマニラが占領行政の王にした。

綱紀の弛緩で、上が上なら下も下。ダグラス・マッカーサーが目の前に差し迫った緊迫下での前線指揮官の交代。山下は現地に入り、レイテ戦の無意味さを大本営に建策するも、山下と犬猿の仲、寺山寿一南方軍総司令官は山下の声に耳を貸さず、大本営から送り込んだ武藤章第14軍参謀長をもって山下の意見を封じた。

親の心、子知らずで、山下の喪失感と海の栗田健男中将のレイテ湾挟撃戦は陸にも海にも親の気持ちを理解しない者がおり、海の栗田はレイテ湾24マイル（約40キロ）手前で謎の反転をし、レイテ戦の勝利は消えた。

山下の辞書に負けはない。海の援軍がない以上、レイテ湾水際撃滅もない。山下は戦わずしてルソンの山に籠り、遊撃戦（ゲリラ戦）に移った。

フィリピン戦はマッカーサーのごり押しでしぶしぶ行なった米軍は、マニラ解放で充分であり、マッカーサーのメンツもたった。

だが、マニラには山下と考えを異にした、第31特別根拠地隊岩淵三次少将がマニラ市民を盾に防衛線を展開した。

岩淵にはマニラ市民がいる以上、それなりのマニラ長期戦が見込め、日本への侵攻を遅らせる。だが、マッカーサーはマニラ市民など一顧だにせず、マニラ市に無差別絨毯爆撃を命令。それによりマニラ市民10万、岩淵少将マニラ守備隊1万、敵前逃亡冨永恭次中将の残置兵ら8000人が殺された。

日本が降伏してなお山下は戦い続け、ポツダム宣言受諾から1か月後の9月22日、山下の第14軍は降伏した。

山下に待っていたのは、マニラ市民虐殺の汚名である。山下の罪状は捕虜虐待、市民の安全を配慮せず、市民と海軍を盾にし、フィリピン人10万を犠牲にした、とした。山下訴追を強硬に主張したのがマッカーサーである。マッカーサーに戦後公式に残るマニラ市民10万の無差別爆撃をどうしても日本側にしなければならない理由があった。

マニラの軍事裁判は山下奉文を絞首刑とした。

昭和21年2月23日、断頭台の山下は緋の衣（囚人服）に目隠しを拒み、足を八の字に開き、腰を構え、首に縄が掛かっても瞬《まばた》き一つせず、その時を待った。

カウントダウンが始まり「59、58、……3、2、1、0、ゴー」で床が割れ、山下の体は、ロープで絞殺された。

太平洋戦争の英雄、マレーの虎、山下奉文享年60。

●リンチ　池田重善

関東軍憲兵伍長池田重善（29歳）は、8月9日にソ連軍参戦で捕虜となり、貨車の中で眠れぬまま、今後の将来を思案していた。自分は憲兵であり、一般の兵隊とは違い、特にソ連の今後執るべき方向と自らの置かれた立場を理解し、憲兵の立場のままではまずいと思った。ソ連側は池田を重罰に処すことは明白で、処刑さえ考えられる。ここは体制に抑合するしかない、と結論づけた。

まずは吉村久佳と偽名を使い、階級を少尉候補生と変える。

貨車に揺られること2日間。池田らは、外蒙古ウランバートルに降り立ち、ソ連軍強制労働収容所に送られた。

隊員数1000人を超え、厳しい労働に従事することになった。

ソ連軍捕虜といえど生粋の日本人たちにサボタージュは見受けられず、毎日、毎日、勤勉に働いた。しかし、その労働成果はソ連にとって納得できる数字ではない。長谷川の労働の結果報告に不満を爆発させた。

「ミスター長谷川、なんだ。この成績は、お前たちを厳罰に処すぞ、まず、長谷川、お前からだ」とマルコフ（仮名）がムチを振り上がると、長谷川の顔面を打つ。堪らず、長谷川は崩れ落ちるが、マルコフが次の労働隊員を叩こうとすると、長谷川はその前に立ちはだかって庇う。これにはさすがのマルコフも矛を収めた。そして、池田がマルコフの後を追った。

池田はマルコフに駆け寄り。カタコトのロシア語で「私なら所長のノルマに結果を出します」と語りかける。マルコフは、池田をまじまじと見て「階級と名前は何だ。出来るんだな」と怒鳴るように喋り、捕虜強制労働所長は「明日から吉村隊だ」

長谷川から池田に代えることを認めた。

池田は、収容所の食堂に捕虜全員を集め「今から俺が日本隊所長の吉村だ。明日から労働時間を朝4時から夜9時までに変更する。怠ける者は死ぬと思え」と傲然と言い放ち、翌日から反抗する者には死のリンチが始まった。

リンチは、3段階で食堂に次の朝まで座る、廊下に立つ、野外の木に括り付けるなどの制裁を加えた。厳冬期、零下30度で木に括り付けられた捕虜仲間は、労働に入る行列に首をうなだれ、見送った。「鬼畜！ 吉村隊暁に祈る」事件の始まりで、池田重善とその取り巻きにリンチ殺害された数は30名以上に及んだ。

引き上げ後、池田重善は、国会喚問を受け、その悪名は全国津々浦々に伝わるが、池田は郷里長崎県五島列島で行商をしながら自己弁護に徹し、暁に祈る事件は、冤罪と言い続けた。

昭和63年9月11日、長崎の病院にて脳出血で亡くなった。享年73歳。

【著者紹介】
郡　志朗（こおり・しろう）
1946年1月、福島県相馬郡八沢村（現、南相馬市）生まれ。
高校卒業後、国有鉄道に奉職、東日本旅客鉄道株式会社を経て、
国家騒乱、世相騒然の大事件を題材に当事者の決断、危機管理、
深層心理を著述。ノンフィクション作家。

国は人により興り、人により滅ぶ
――私説・太平洋戦争の真相

2016年10月15日　第1刷発行

著　者　郡　志朗
発行者　濵　正史
発行所　株式会社元就《げんしゅう》出版社
〒171-0022 東京都豊島区南池袋4-20-9
サンロードビル2F-B
電話 03-3986-7736　FAX 03-3987-2580
振替 00120-3-31078
装　幀　クリエイティブ・コンセプト
印刷所　中央精版印刷株式会社
※乱丁本・落丁本はお取り替えいたします。

ISBN978-4-86106-251-3　C0021

白石 良・著

敷設艇 怒和島の航海〈改訂版〉

知られざる小艦艇奮戦記！

七二〇トンという小艦ながら、名艦長の統率のもとに艦と乗員が一体となって、機雷敷設、掃海、船団護衛、沿岸警備、対潜掃討と多彩なる任務に邁進し、連合艦隊を支えた殊勲艦と誇り高き海の男たちの航跡。

■定価 本体一五〇〇円＋税

白石 良・著

特殊潜航艇 海龍 ——幻の水中特攻兵器始末

本土防衛のための切り札として造られ、軍機のヴェールに覆われていた最後の決戦兵器の全容。国のため同胞のため家族のために自らの命をかけた数多の搭乗員たちの苛烈な青春。

海龍概略一般艤装図つき ■定価 本体一五〇〇円＋税